THÉORIE

DES

RISQUES ET PÉRILS

DANS LES

OBLIGATIONS

EN DROIT ROMAIN ET EN DROIT FRANÇAIS

THÈSE

PRÉSENTÉE A LA FACULTÉ DE DROIT DE POITIERS

POUR OBTENIR LE GRADE DE DOCTEUR

ET

Soutenue le Samedi 11 Février 1865, à 3 h. du soir,

DANS LA SALLE DES ACTES PUBLICS DE LA FACULTÉ,

PAR

Albert BOURBEAU,

Avocat à la Cour impériale de Poitiers.

POITIERS

IMPRIMERIE DE A. DUPRÉ

RUE DE LA MAIRIE, 10

—

1865

THÉORIE

DES

RISQUES ET PÉRILS

DANS LES

OBLIGATIONS

EN DROIT ROMAIN ET EN DROIT FRANÇAIS

THÈSE

PRÉSENTÉE A LA FACULTÉ DE DROIT DE POITIERS

POUR OBTENIR LE GRADE DE DOCTEUR

ET

Soutenue le Samedi 11 Février 1865, à 2 h. du soir,

DANS LA SALLE DES ACTES PUBLICS DE LA FACULTÉ,

PAR

Albert BOURBEAU,

Avocat a la Cour impériale de Poitiers.

POITIERS

IMPRIMERIE DE A. DUPRÉ

RUE DE LA MAIRIE, 10

1865

THÉORIE

DES

RISQUES ET PÉRILS.

~~~~~~

INTRODUCTION.

La question des risques et périls *des choses qui font l'objet des obligations* a de tout temps été le sujet de vives contro-verses chez les commentateurs du droit romain. Dans ces derniers temps encore, les jurisconsultes allemands, qui ont fait des obligations l'objet de leurs études, ont recher-ché avec soin tout ce qui avait rapport à cette importante question. Molitor surtout s'en est préoccupé, et ce sont certainement les parties de son œuvre qui traitent cette question, qu'il a travaillées avec le plus de soin.

En effet, il était difficile, au milieu des nombreux prin-cipes mis en avant par les anciens commentateurs, de dis-cerner la véritable règle du droit romain en cette matière, ou du moins de les ramener tous à une règle unique.

C'est à cette recherche d'une règle suprême que nous consacrons nos premières pages. Nous cherchons en même temps à démontrer la fausseté des principes que le droit germanique a introduits dans notre ancien droit français, principes qui, modifiés dans le sens du droit romain, sont les bases de notre *Théorie des Risques et Périls* en droit français.

La théorie des risques et périls dérive immédiatement de la théorie de la prestation des fautes. Tandis qu'à l'égard de la réparation pénale ou civile du dommage causé, le droit romain la subordonnait rigoureusement au principe de l'imputabilité, le droit germanique, parti d'un point de vue presque complétement opposé, décidait qu'à l'égard de la réparation pénale, l'imputabilité était nécessaire, mais que le rapport purement extérieur de l'agent avec le dommage causé suffisait pour entraîner la réparation civile.

Ainsi, en droit romain, les personnes qui se trouvaient dans un état moral où toute condition d'imputabilité fait défaut, tels que les enfants ou les fous, n'étaient aucunement tenues de réparer le dommage qu'elles avaient pu causer ; en droit germanique, elles étaient tenues, non pas de la réparation pénale, qu'on appelait *faida*, mais de la réparation civile, que l'on appelait *compositio*.

C'était encore à raison du même principe d'imputabilité que personne, chez les Romains, n'était tenu de réparer le cas fortuit, c'est-à-dire tout événement imprévu ou même prévu, lorsque l'agent avait employé la prudence et les soins d'un bon père de famille. Dans le droit germanique, peu importait que le dommage causé par des personnes douées de raison leur fût ou non imputable. Il y avait lieu à *compositio*, dans le cas même où l'on avait agi dans l'état de légitime défense.

Le dommage causé par les animaux, à moins qu'il ne s'y joignît une faute de l'homme, ne soumettait, en droit romain, le propriétaire ou possesseur de l'animal à aucun dommage et intérêt immédiat. Cependant il était tenu de livrer l'animal à celui auquel le dommage avait été causé, à moins qu'il ne préférât réparer ce dommage. C'est la *noxæ datio*, qui repose, non pas sur une faute présumée du propriétaire, mais sur une espèce d'imputabilité que l'on attribuait, dans l'antiquité, non-seulement aux esclaves et aux animaux qui peuvent paraître doués de raison, mais encore aux choses inanimées, et qui les rendait comme responsables du dommage causé. C'est ainsi que nous voyons Xerxès qui fait fouetter la mer pour la punir d'avoir englouti ses vaisseaux ; c'est ainsi qu'en France, en l'an 1314, un arrêt du parlement de Paris, en date du 7 février, condamna un taureau pour crime d'homicide. La *noxæ datio* était donc donnée contre le propriétaire , non parce qu'il est personnellement obligé, mais parce qu'il est le défenseur de tout ce qui est sous sa puissance. Il est facile de le prouver : l'action noxale cessait par la mort de l'esclave ou de l'animal avant la litiscontestation, et c'était le possesseur ou propriétaire actuel de l'animal, et non pas celui qui l'était au moment du dommage causé, qui était soumis à l'action noxale ; il est donc évident que, dans cette action, il n'y avait aucune présomption de faute. Le droit germanique exigeait toujours une *compositio* du propriétaire de l'animal, que celui-ci fût ou non apprivoisé. Cependant les dispositions du droit germanique étaient fort variées; quelques-unes étaient même conformes au droit romain.

Lorsque le dommage avait été causé par un objet inanimé, le droit romain ne soumettait le propriétaire à aucune responsabilité civile : la partie adverse n'avait qu'un droit de rétention sur les objets tombés sur sa propriété. Ce n'est que le droit prétorien qui a apporté le moyen de se mettre en sûreté contre le dommage que l'on avait à craindre soit de la vétusté des constructions, soit de toute entreprise qui eût pu porter préjudice à la propriété. Mais ces tempéraments à la rigueur du droit civil font constater encore mieux que le dommage non imputable n'entraîne aucune réparation civile. Dans le droit germanique, le propriétaire d'objets ayant causé un dommage était tenu ou de les abandonner ou de réparer le dommage; dans le cas où deux vaisseaux ont été jetés l'un sur l'autre par la tempête, le droit germanique faisait supporter les pertes en commun, lorsque le droit romain n'accordait aucune action aux propriétaires des navires.

Ainsi donc nous voyons quelles nombreuses différences existaient entre les dispositions du droit romain et celles du droit germanique, relativement à la réparation d'une perte quelconque. Les Romains considéraient comme équitable de ne faire réparer par l'auteur du dommage que ce qui lui était imputable : l'équité du droit germanique consistait à faire supporter à chacun les risques de ce qu'il avait fait.

Appliquées aux contrats, les dispositions du droit romain arrivent à la libération du débiteur par la perte fortuite de la chose. Les dispositions du droit germanique faisaient dépendre la réparation de la perte de l'avantage que chaque partie retirait du contrat ; ce qui est précisément la règle que le droit romain suivait pour déterminer de quel degré de faute les parties contractantes étaient tenues , règle fort naturelle dans une législation qui étendait au delà du principe de l'imputabilité l'obligation de réparer le dommage.

Il est alors facile d'expliquer pourquoi tant de controverses se sont élevées, parmi les jurisconsultes, sur la question de savoir si le droit romain était, sur cette matière , conforme à l'équité. C'est que l'on opposait au droit romain les dispositions d'un droit qui était parti, come nous l'avons dit, d'un point de vue opposé.

Le droit français a emprunté presque toutes ses dispositions sur les risques et périls au droit romain. Les quelques différences que nous rencontrerons sont précisément dues à l'influence du droit germanique, modifié dans le sens des lois romaines.

Nous diviserons notre travail en deux parties. La première partie contiendra la Théorie des risques et périls en droit romain ; la seconde partie, le même sujet en droit français.

Les deux parties sont divisées de la même manière. Le chapitre Ier contiendra les règles générales sur lesquelles reposera notre théorie. Le second chapitre sera consacré à l'examen des effets produits par ces règles dans chaque espèce de contrats. Le chapitre III traitera la même matière dans les quasi-contrats.

PREMIÈRE PARTIE.

DROIT ROMAIN.

CHAPITRE PREMIER.

THÉORIE GÉNÉRALE DES RISQUES ET PÉRILS DANS LES OBLIGATIONS.

Les différents systèmes sur la question des risques et périls dans les obligations, adoptés par les nombreux commentateurs du droit romain, ont fait naître, par l'impossibilité où l'on se trouve de les appliquer à tous les textes, une grande difficulté à trouver un principe sur lequel on puisse poser avec certitude les bases d'une Théorie des risques et périls dans les obligations. Mais, s'il est difficile, d'une part, de trouver ce fondement de notre sujet, il est facile, d'autre part, d'expliquer d'où provient cette divergence d'opinions : c'est que l'on a pris pour points de départ des règles complétement étrangères au droit romain, ou qui n'ont, du moins, aucun rapport à la théorie des risques et périls. Avant de nous pro-

1

noncer sur le système que nous adoptons, nous examinerons successivement ceux qui ont été proposés par différents commentateurs.

La première et la plus importante de ces règles est la suivante : *Res perit domino*, ou *Casum sentit dominus*. L'impossibilité de trouver cette règle formulée dans le droit romain suffirait presque pour la faire rejeter, si l'on n'avait des motifs bien plus pressants pour en démontrer l'inexactitude. Outre l'inconvénient de ne pouvoir s'appliquer, comme nous allons le voir, à tous les cas, cette règle ne résout pas la question de savoir à la charge de laquelle des parties contractantes seront les risques et périls. D'ailleurs, toutes les fois que l'on opposera le propriétaire de la chose à celui qui doit l'acquérir, c'est-à-dire qu'il s'agit de la tradition d'une chose, non pour la restituer au propriétaire, mais pour la faire acquérir à celui qui n'en était pas propriétaire, on ne pourra dire : *Res perit domino ;* aussi ceux qui se fondent sur cette règle l'ont-ils modifiée sous la forme suivante : *Res perit creditori*, ou encore et plus justement : *Species perit creditori.*

Comme nous venons de le dire, cette règle n'a jamais été formulée dans le droit romain, et jamais un jurisconsulte romain ne s'en est servi en matière de risques et périls. On croit en trouver le fondement dans la loi 9, au Code de Justinien, *de pigneratitia actione.* C'est une constitution de Dioclétien et de Maximien, ainsi conçue : *Pignus in bonis debitoris permanere, ideoque ipsi perire in dubium non venit.* Le seul examen attentif de cette constitution

suffit pour faire voir que l'intention du législateur
n'est pas de constituer une règle fondamentale en
matière de risques et périls, même relativement au
contrat de gage, et que c'est par suite des changements survenus, vers cette époque, dans les règles
qui gouvernaient le contrat de gage. Nous savons,
en effet, que la *fiducia* avait fait place au *contractus
pigneratitius*. Dans la *fiducia*, le créancier était acquéreur de la chose engagée : c'était une vente résolutoire, et la condition de la résolution était le
payement de la dette ; et lorsque le débiteur payait
au terme convenu, la chose lui était restituée. C'est
pourquoi, de même que, dans la vente sous condition
résolutoire, l'acheteur supportait la perte totale de
la chose, et le vendeur les détériorations, de même,
dans la *fiducia*, le créancier supportait la perte totale
de la chose mise en gage, et le débiteur les détériorations. Lorsque les règles qui gouvernaient la *fiducia*
ont cédé la place à celles du *contractus pigneratitius*,
il importait de dire qu'il n'y avait pas, dans ce dernier, de *mancipatio*, et c'est pour ce motif que la constitution de Dioclétien et de Maximien dit que la
chose reste *in bonis debitoris*, et à ses risques et
périls. C'est donc un motif purement historique qui
a dicté cette loi ; et d'ailleurs, ni dans le dépôt, ni
dans le commodat, les jurisconsultes romains ne se
sont appuyés sur la circonstance que le créancier est
propriétaire, pour décider que les risques étaient à sa
charge.

Nous croyons avoir prouvé suffisamment que la règle : *Res perit domino*, était étrangère au droit romain ;

nous verrons tout à l'heure d'où elle provient. Nous
avons dit que cette règle ne nous apprenait rien sur
les risques et périls, en matière d'obligations : c'est
ce que nous allons nous efforcer de prouver. Il s'agit
d'abord de s'entendre parfaitement sur le sens que
peut avoir l'expression *res perit mihi*, et, pour cela, il
faut distinguer soigneusement s'il s'agit d'une obligation unilatérale ou d'une obligation synallagmatique.

Dans le premier cas, cette expression rapportée au
débiteur signifie que non-seulement il a perdu la chose,
mais que, malgré cette perte, il est encore tenu
d'exécuter son obligation. Ainsi, supposons un débiteur par suite d'un *mutuum;* il est dit supporter le
péril, c'est-à-dire que, lorsque la chose sera perdue,
il n'en sera pas moins obligé, et l'on aura contre lui
la *condictio certi*. De même encore, en matière de legs
et de dépôt, le légataire et le dépositaire supportent
les risques après la mise en demeure, qui a pour but
de perpétuer l'obligation.

Si c'est au créancier que nous appliquons cette
même expression, elle doit être comprise en ce sens
que la perte de la chose due le prive non-seulement
de l'obtention de cette chose, mais libère complètement le débiteur, qui ne doit plus ni la chose ni l'estimation, comme nous le voyons dans le commodat,
dans les legs et dans les stipulations en général. Nous
ne pourrions donner un exemple plus clair de ce sens
de notre expression, qu'en nous reportant à la loi 34,
§ 6, au Digeste, *de contrahenda emptione*, qui parle
d'une obligation alternative de deux esclaves ; si le

premier meurt, le vendeur est obligé de livrer le second : *Ideo prioris periculum ad venditorem respicit,
posterioris ad emptorem*; ce qui veut dire que le premier esclave est aux risques du vendeur ou , si l'on
veut, du débiteur, parce que, malgré la perte de cet
esclave, il n'en est pas moins obligé d'exécuter son
obligation; le second est aux risques de l'acheteur,
du créancier, parce que, malgré la perte des deux
esclaves, il sera obligé de payer le prix convenu.

Dans les contrats synallagmatiques, l'expression
res perit rapportée au débiteur signifie qu'il perd la
chose sans pouvoir réclamer l'exécution de l'engagement que l'autre partie a pris envers lui. Ainsi, dans
la vente *ad mensuram*, le vendeur, dit la loi 5, au Digeste, *de periculo et commodo rei venditæ*, supporte
les risques, en ce sens qu'il ne peut plus réclamer
l'exécution de l'engagement de l'acheteur, et non pas
parce qu'il perd la chose, comme le prouvent si bien
les lois romaines, lorsqu'elles laissent au vendeur le
droit de réclamer le prix : *Post mensuram factam,
venditoris desinit esse periculum, et ante mensuram
periculo liberatur, si non ad mensuram vendidit.*

Quand il s'agit du créancier, l'expression *res perit*
signifie que, malgré la perte du droit de réclamer la
chose, il demeure néanmoins obligé de tenir son
engagement. Ainsi, en matière de vente pure et simple d'une *species*, la chose est, d'après le droit romain,
aux risques et périls de l'acheteur, qui est le créancier
de la chose, parce que, si elle périt dans les mains du
vendeur, l'acheteur est obligé néanmoins à payer le
prix, quoiqu'il ne puisse obtenir la chose.

Ainsi, nous pouvons dire, en résumé, que l'expression *res perit debitori* se rapporte, dans les obligations unilatérales, à la perte sans libération ; dans les obligations synallagmatiques, à la perte sans droit à la prestation de l'engagement de l'autre partie ; et, dans aucun cas, elle ne se rapporte à la perte pure et simple de la chose. Enfin l'expression *res perit creditori* signifie, non pas que le créancier ne pourra obtenir la chose, mais qu'il perd, dans les obligations unilatérales, toute action pour en obtenir l'estimation, et que, dans les obligations synallagmatiques, malgré la perte de la chose dont il n'obtient pas l'équivalent, il doit exécuter le contrat.

De tout ce que nous venons de dire, il nous semble résulter clairement que la règle : *Res perit domino,* invoquée en matière de risques et périls, ne résout pas la question de savoir laquelle des parties contractantes les supporte ; car, dans les contrats et quasi-contrats, le péril, comme nous venons de le voir, ne consiste pas dans la perte de la chose, mais dans la perte du droit qui résulte du contrat. Ainsi, en matière de vente, le vendeur perd la chose sans supporter les risques, puisqu'il conserve le droit de réclamer son prix. En matière de stipulation, en matière de legs, le promettant, l'héritier perdent évidemment la propriété ; mais le stipulant, le légataire supportent les risques et périls, puisqu'ils perdent tout droit à réclamer la chose qui leur était due. Nous savons que celui qui reçoit un *indebitum* devient propriétaire ; si la chose périt, il perdra sa propriété ; mais il ne supportera pas non plus le risque et péril, puisque celui qui avait

payé l'*indebitum* aura perdu le droit de répéter la chose
indûment payée.

D'où vient donc cette règle qui, comme nous le
verrons plus tard, est admise dans le droit français,
qui est inadmissible en droit romain, et auquel elle
est complétement étrangère ? « Elle a son origine, dit
Molitor, dans la lutte du droit romain avec le droit
germanique. En vertu du droit germanique, celui qui
avait pris une chose sous sa garde devait en répondre
même lorsqu'elle avait péri fortuitement : telle était la
responsabilité du commodataire, du créancier gagiste,
du dépositaire. Or, ce fut pour repousser cette responsabilité du droit coutumier que les interprètes intro-
duisirent la règle : *Res perit domino.* C'est pourquoi
les auteurs font remarquer que la règle n'a d'application qu'aux contrats qui ont pour objet la restitution, et
non à ceux qui ont pour objet l'acquisition d'une chose. »
En effet, si nous étudions les sources du droit germanique, nous y verrons, comme nous l'avons dit dans
notre Introduction, une opposition presque complète avec les principes de l'équité romaine. Tandis
qu'en droit romain on subordonne toute réparation
civile à la condition de l'imputabilité, l'ancien droit
germanique admettait, avant tout, la réparation civile,
indépendamment de toute condition d'imputabilité.

Mais c'est précisément de cette différence que nous
tirerons la règle qu'avec Molitor, nous présentons
comme fondamentale en matière de risques et périls.
Ainsi, de ce qu'en droit romain personne n'est responsable du dommage qu'il n'a pu prévoir, il en résulte que tout ce qui dépasse la vigilance, les prévisions d'un bon père de famille, tel que les Romains

'en étaient formé l'idée, devient un cas fortuit, dont
er son ne ne peut être tenu. C'est là notre première
règle de conduite écrite au Digeste, au titre *de regulis
juris*, loi 23 : *Casus fortuiti a nemine præstantur*.
Puis vient la loi 185, qui n'est en quelque sorte que
le corollaire de la précédente, et qui ajoute : *Impossibilium nulla est obligatio*. Ce sont là les deux règles
fondamentales de notre matière, et elles sont écrites
d'une manière si générale, que nous n'hésitons pas
à admettre, à moins de preuve contraire, qu'elles ne
souffrent pas d'exception, et qu'elles sont applicables
et aux dommages causés en dehors de l'obligation
et à ceux causés entre parties contractantes.

Ainsi, nous pouvons les appliquer aux obligations
unilatérales, aux obligations synallagmatiques, à la
vente et aux contrats qui ont pour objet le transport
de la propriété ou l'usage d'une chose, aux contrats
nommés et aux contrats innommés, et, dans tous ces
cas, nous les trouvons en quelque sorte infaillibles.

S'agit-il, en effet, d'une obligation unilatérale ayant
pour objet de donner ou de restituer une *species*, l'application du principe : *Impossibilium nulla est obligatio*, nous conduit à la règle suivante : *Speciei inte-
ritu debitor liberatur*. Ainsi, que ce soit *ex stipulatu*,
ex testamento, *ex indebito*, *ex deposito*, *ex pi-
gnore*, etc., que la *species* soit due, le débiteur sera
toujours libéré par la perte fortuite de la chose.

S'il s'agit d'un genre, d'une quantité, quel que soit
l'événement qui fait périr la chose due, le débiteur
demeurera toujours obligé jusqu'au payement, car
un genre ne périt pas.

Nous avons vu que, dans l'obligation alternative, la

décision de la loi 34, § 6, *de contrahenda emptione*, au Digeste, était une conséquence directe du principe : *Impossibilium nulla est obligatio*. Il n'en serait pas de même de l'obligation que l'on appelle facultative.

Mais, en matière de vente, nous nous trouvons en présence de sérieuses difficultés. Certains commentateurs, croyant voir des règles opposées, en droit romain, en matière de risques et périls, pour la vente et le louage, en ont tiré la conséquence que les règles en matière de vente sont exceptionnelles, tandis que celles qui sont relatives au louage forment la règle ; d'autres ont adopté une décision contraire. Ainsi les premiers admettent comme règle fondamentale que la perte fortuite de la *species* due par l'un des contractants, a pour effet de résoudre le contrat ; d'où il suit que l'autre contractant ne doit plus rien, et même qu'en cas d'inexécution de l'obligation de l'autre partie, il peut répéter ce qu'il a donné. Cette opinion a aussi son origine dans les divergences du droit romain et du droit germanique, et, comme la règle : *Res perit domino*, elle est inexacte. Bien entendu, ceux qui admettent cette règle font une exception pour la vente, car les textes (loi 5, § 2, au Digeste, *de rescindenda venditione*, Instit., livre III, tit. 23, § 3) sont formels à cet égard. D'ailleurs, l'obligation de l'acheteur n'est pas subordonnée à la livraison de la chose, mais à l'obligation de livrer; il suffit que cette obligation ait été contractée de bonne foi et que le vendeur n'y soit pas contrevenu, pour que le contrat soit parfait.

Pour nous, nous sommes d'avis que le droit romain est toujours resté conséquent, et que, si la question des risques et périls ne peut pas toujours se décider de la même manière, c'est que la nature diverse de ces contrats ne permet pas d'appliquer la même règle de [la même façon. C'est probablement par suite de ce faux point de départ que l'on voit les commentateurs si embarrassés. Ainsi l'application du principe est susceptible de se modifier suivant la nature des contrats, mais en lui-même le principe demeure invariable.

En matière de vente pure et simple ayant pour objet une *species*, c'est l'acheteur qui porte le risque, parce que le contrat, parfait par le seul consentement, doit recevoir son exécution dans la limite du possible. Comme l'acheteur sera toujours débiteur d'une *quantitas* qui ne périt pas, il pourra toujours exécuter son obligation; quant au vendeur, il sera libéré par la perte de la chose vendue: *Impossibilium nulla est obligatio.* Nous renvoyons l'examen de la question controversée de la loi 33, *locati conducti*, au Digeste, au chapitre où nous traitons de chacun des contrats en particulier. Justinien, tout en étant du même avis que Julien, se fonde, en matière de vente, sur l'équité, déclarant que, puisque, d'un côté, l'acheteur ne payera point de supplément de prix dans le cas où, depuis la vente, l'achat aurait reçu des accroissements, d'un autre côté, dans le cas où elle aurait éprouvé une diminution, et, par suite, dans le cas où elle aurait péri, il doit payer le même prix : « *Nam et commodum ejus esse debet cujus periculum est.* » Décision fort équita-

ble, qui arrive au même but que la règle de la loi 185,
de regulis juris, et que nous trouvons aussi formulée
au même titre dans la loi 10 : *Secundum naturam est,
commoda cujusque rei eum sequi, quem sequuntur
incommoda.*

Dans la vente conditionnelle, la perte fortuite sera
supportée par le vendeur ; les détériorations fortuites
le sont par l'acheteur. Nous savons, en effet, que, par
suite de la condition, le contrat se trouve en suspens,
et ne devient parfait que par l'événement de la condition, et qu'il n'y a *vinculum juris* que par suite de
l'obligation pour les parties contractantes d'attendre
l'arrivée de la condition. Si la chose périt fortuitement avant l'arrivée de la condition, c'est comme si
le contrat n'avait jamais eu d'objet : il n'y a pas vente ;
le vendeur perd sa propriété sans avoir acquis aucun
droit. Dans le cas de détérioration, la condition, en
se réalisant, confirme le contrat, et l'acheteur est
obligé de supporter la perte. Il en sera de même pour
toutes les ventes *ad numerum, ad pondus, ad mensuram*. Il y a bien une obligation, un *vinculum juris*,
en ce sens que les parties peuvent exiger qu'il soit
procédé au mesurage, à la pesée ; mais il n'y a pas
encore de contrat de vente, qui ne devient parfait que
par ces opérations ; ni le prix ni l'objet ne sont, en
effet, réellement déterminés.

Si nous étudions maintenant le contrat de louage,
nous y verrons une différence dans l'application du
principe ; mais le principe reste le même, c'est-à-dire
que le preneur, débiteur d'une *species*, est libéré par
la perte de la chose comme le vendeur, mais que le

bailleur ne peut plus exiger l'exécution du contrat pendant le temps, postérieur à la perte de la chose, que devait durer le bail. C'est de là qu'est venue l'erreur dont nous avons parlé plus haut, erreur qui consistait à voir dans les principes des risques, en matière de louage, une règle générale, tandis que celles relatives à la vente formaient l'exception. Cette erreur provient de ce que les auteurs qui partagent cette opinion ont été séduits par une fausse analogie entre ces deux contrats, tandis qu'il existe entre eux des différences qui repoussent l'application uniforme du même principe.

Le droit du locataire consiste dans une obligation contractée par le bailleur, obligation que les jurisconsultes romains ont ainsi formulée : *Præstare conductori uti frui licere.* Ainsi, ce n'est point de faire avoir au locataire une chose déterminée que le louage a pour objet, ni une possession, ni même un droit d'usage et de jouissance ; c'est une chose future, une obligation continue, qui se renouvelle à chaque instant. Le loyer n'en est dû qu'à mesure que s'accomplit cette obligation, de même que le prix d'une chose future ne peut être dû que lorsque cette chose existera. On ne peut donc point comparer la vente d'une *species* et le louage d'une *species*. Une fois la chose perdue, l'obligation continue du bailleur ne peut plus s'accomplir ; la condition de l'existence du contrat fait défaut ; et de même que la vente d'une chose future se résout lorsqu'il devient certain que cette chose n'existera pas, de même le contrat de louage se résoudra par suite de l'impossibilité de la jouissance.

Nous voyons donc bien que le louage ne suivra point d'autres règles que la vente, mais que la vente telle qu'elle peut être assimilée au louage, c'est-à-dire ne suivra point d'autres règles que la vente d'une chose future, puisque le louage a lui-même pour objet une chose future.

Il en est de même des différentes espèces de louage : pour la *locatio operarum*, ce n'est encore qu'une chose future que promet celui qui met son travail à prix. S'il ne peut exécuter son obligation sans qu'on puisse l'en rendre responsable, le contrat n'aura jamais existé qu'imparfaitement, il se résoudra. Si c'est par le fait du *conductor operarum* que la condition du contrat n'a pu se réaliser, la *merces* est due. Il en est absolument de même pour la *conductio operis*.

Dans le contrat emphytéotique, Justinien prend soin de dire, dans ses Institutes, livre III, titre 24, § 3, que la perte de la chose retombera sur le propriétaire, comme dans le louage, et que les détériorations seront supportées par le colon.

Dans le contrat de société, selon que la propriété même des choses indivises sera en jeu, ou qu'il s'agira seulement de l'usage de ces choses, on résoudra la question des risques et périls d'après les principes applicables en matière de vente, ou d'après ceux applicables en matière de louage. S'il s'agit d'un *genus*, jamais l'associé ne pourra être libéré avant l'exécution de son obligation.

Jusqu'à présent, nous n'avons eu à appliquer nos principes qu'à des contrats nommés. Il est évident que, pour les contrats innommés, il ne peut exister de règle spéciale sur la question de savoir quelle partie supportera les risques et périls. Les jurisconsultes romains se sont fondés sur l'analogie qui existe entre les contrats nommés et les contrats innommés. Ainsi à l'échange ils appliqueront les principes relatifs à la vente. Il est d'autres contrats innommés qui se rapprochent du louage, du mandat, et lorsque nous étudierons plus particulièrement chacun de ces contrats, nous verrons quelles sont les controverses qui se sont élevées et les solutions que nous croirons devoir adopter.

Dans les quasi-contrats, et particulièrement dans la *condictio indebiti*, nous verrons bien mieux encore l'impossibilité absolue d'appliquer la règle : *Res perit domino*. Elle conduirait aux conséquences les plus singulières et les plus contraires à l'équité, qui est l'âme du quasi-contrat. Il est bien vrai que les quasi-contrats ont, en général, une grande analogie avec les contrats, la gestion d'affaires, la tutelle avec le mandat, la répétition de l'indû avec le *mutuum;* mais l'application des principes des risques et périls ne pourra pas toujours avoir lieu, sans renverser l'essence même du quasi-contrat.

Nous venons de faire l'examen succinct et rapide de l'application de la règle : *Impossibilium nulla est obligatio,* aux divers contrats et quasi-contrats. Avant de passer à la théorie particulière des risques et périls relatifs à chaque contrat, nous avons à étudier quelles sont les exceptions aux principes généraux que nous venons de poser.

Si, en règle générale, personne n'est tenu de réparer le dommage fortuit, il y a cependant des cas où, pour des motifs spéciaux, cette obligation existe :

1° Lorsque celui qui détient la chose en vertu du contrat en a violé la loi, soit directement, soit par une faute qui lui est imputable. Nous avons vu, en effet, que, dans le droit romain, la base de notre théorie sur les risques et périls était l'imputabilité. Sans vouloir exposer les règles suivant lesquelles on n'est tenu que de la *culpa*, exposition qui serait en dehors de notre sujet et nous conduirait trop loin, nous devons expliquer ce que les Romains entendaient par *casus* et *periculum*. Le mot *casus* par lui-même est simplement opposé au dol, à l'intention de nuire ; il sert à désigner des faits non volontaires, mais sans distinguer s'ils sont imputables ou purement fortuits. Aussi, lorsque les jurisconsultes entendent parler d'un fait non volontaire et en même temps non imputable, lorsqu'ils opposent le cas fortuit à la *custodia*, qui est le plus haut degré de vigilance dont on soit tenu en vertu de certains contrats, ils emploient les expressions *major casus, vis major, casus fortuitus, casus qui prœvideri non potest, cui resisti non potest*, et la loi 23, au Digeste, *de regulis juris*, à laquelle nous avons emprunté une de nos règles, nous indique quels sont ces cas fortuits : la mort des animaux, des esclaves, le brigandage, la piraterie, l'inondation, l'incendie, la fuite des esclaves que l'on n'a pas l'habitude de garder ; et, dans d'autres textes, nous voyons aussi : les tempêtes, les naufrages, et même le dommage qui tombe sous l'application de la loi *Aquilia*,

comme le dit la loi 41, *locati conducti*, au Digeste.
Mais, de ce que ces événements sont considérés comme
cas fortuits, il n'en résulte pas que le dommage causé
par eux soit toujours exempt de toute imputabilité :
c'est une question de fait que de savoir où l'imputabilité cesse et où le hasard commence. Aussi, tel événement qui, en règle générale, est considéré comme
cas fortuit, peut, dans certains cas, être imputable, à
raison soit d'une faute, soit d'un défaut de prévoyance
qui l'a précédé. Nous le voyons par les termes mêmes des lois citées plus haut : la mort d'un esclave,
pourvu qu'il n'y ait pas faute, la fuite d'un esclave
non connu comme fuyard, sont autant de restrictions
indiquées par les textes. Le *damnum injuria datum*
n'est un cas fortuit qu'autant qu'on n'a pu l'empêcher.

Le vol, lorsqu'il n'a pas été commis avec violence,
n'a jamais été considéré, en droit romain, comme un
cas fortuit ; bien au contraire, on y voit formellement
la différence qui existait entre la responsabilité du
vol et celle du hasard ou de la force majeure. Ainsi
la loi 52, §§ 2 et 3, au titre *Pro socio*, Digeste, rend
l'associé responsable du vol des objets appartenant à
la société qu'il a reçus avec estimation : *Quia custo-
diam præstare debuit, qui æstimatum accepit.* De ce
texte et de bien d'autres il semble résulter que la
custodia, responsabilité du vol commis sans violence,
que l'on peut éviter par une surveillance extraordinaire, en employant des gardiens, occupe une espèce
de milieu entre le cas fortuit et la faute : ce qui explique la division en trois degrés de la faute, adoptée

presque sans exception par les anciens commentateurs.
De même que le mot *casus* ne signifie pas toujours un
événement fortuit, de même le mot *periculum* se rapporte tantôt à la responsabilité du cas fortuit ou de la
force majeure, et tantôt à la responsabilité de la faute
ou de la *custodia*. C'est dans le premier sens que nous
l'adoptons pour la théorie des risques et périls. Ainsi
nous croyons que le dommage fortuit peut lui-même
être réparé par une des parties contractantes, qui sera
tenue de le faire par suite d'une violation quelconque
du contrat. Tout cela fait l'objet de la théorie de la
prestation des fautes.

2º Il est encore dérogé aux principes généraux en matière de risques et périls par suite de la *mise en demeure*
du débiteur ou du créancier qui retarde illégalement
l'exécution du contrat. Sans vouloir entrer dans une
théorie approfondie sur la demeure, il est nécessaire
de parler des principaux effets de la mise en demeure
du débiteur. D'après Mühlenbruch, la demeure est
l'omission injuste de recevoir ou de faire un payement. Il distingue la *mora ex re*, qui a lieu par le fait
seul de l'omission ou du retard injuste, de la *mora ex
persona*, qui présuppose une interpellation. La mise
en demeure a pour effet de mettre tout risque et péril
à la charge de celui qui est en demeure, débiteur et
créancier. Nous avons vu qu'il est de principe que le
débiteur est libéré aussitôt que l'exécution de l'obligation est devenue impossible. La loi 107, au Digeste,
de solutionibus, assimile la perte de la chose non imputable au débiteur, au payement qui éteint l'obligation. Si le débiteur avait été mis en demeure par une

fiction juridique, la chose est censée subsister toujours, et le débiteur en doit l'estimation. C'est en ce sens que la loi 91, § 3, Dig. *de verborum obligationibus*, nous dit que l'obligation est perpétuée toutes les fois qu'il y a faute, et qu'Ulpien, dans la loi 82, § 1, au même titre, dit que le débiteur mis en demeure est tenu comme si la chose n'avait pas péri, et Africanus, à la loi 108, § 11, *de legatis* 1°, dit de l'esclave dû par le débiteur en demeure : *Periculo ejus vivit et deterior fit.*

3° On peut encore être tenu du cas fortuit en vertu d'une convention soit expresse, soit tacite. Mais il est bien important de distinguer dans quelle proportion la partie aura assumé sur elle les risques et périls. Ainsi, gardons-nous bien d'admettre, avec Mühlenbruch, que le dépositaire qui s'est chargé de la *custodia* sera tenu de tout risque et péril. Quand le mot *custodia*, comme nous l'avons vu, se trouve opposé à *culpa*, la responsabilité est bien certainement plus grande ; mais elle ne se rapporte qu'à certains événements qui peuvent ne pas être prévus par un chef de famille diligent, mais qui peuvent être empêchés par des moyens extraordinaires, par la surveillance d'un gardien, par exemple, au vol sans violence ; et la loi 1, § 35, au Digeste, *depositi vel contra*, invoquée par Mühlenbruch à l'appui de son opinion, dit précisément que le dépositaire qui assume sur lui les risques et périls est responsable de tout événement, mais que celui qui s'est offert pour recevoir le dépôt n'assume que le *periculum culpæ et custodiæ, non tamen præstet casus fortuitos.*

Il en serait de même en matière de vente, si l'on ne s'est chargé que de la *custodia*; car le texte (Inst., livre III, tit. 23, § 3), sans le dire positivement, semble dire que le vendeur ne sera pas tenu des cas fortuits, par les mots *ad ipsius periculum is casus pertinet*.

Une autre difficulté se présente : lorsque l'on s'est, dans un contrat, chargé de tout risque, faut-il distinguer entre les *casus soliti* et les *casus insoliti*?

· Non évidemment, car la généralité de la clause doit rendre inutile toute distinction. Cependant, dans le louage, il sera nécessaire de faire la distinction, lorsqu'il s'agira de déterminer à quelles conditions un fermier pourra exiger une réduction de fermages, lorsqu'il aura éprouvé des pertes. C'est la doctrine que consacre la loi 15, § 2, au Digeste, *locati conducti*. Ainsi les pertes causées par le feu du ciel, les invasions de l'ennemi, les nuées de sauterelles, les bandes de geais, de corneilles, les inondations extraordinaires, sont appelées *extra rem*. Mais celles qui ont leur cause dans la chose elle-même, *ex re ipsa*, ne donnent droit à aucune remise, car on devait les prévoir.

Les parties font le plus souvent elles-mêmes les distinctions dont nous venons de parler dans leurs stipulations sur les risques et périls. Dans l'espèce de la loi 78, § 3, au Digeste, *de contrahenda emptione*, par exemple, il s'agit d'une vente de blé en herbe, et le vendeur a déclaré répondre du dommage qui pourrait survenir *vi aut tempestate*; des neiges ont nui à la récolte, il est tenu de réduire le prix, si elles ont été excessives et insolites, mais non pas, si les neiges ont été modérées comme à l'habitude. Les mots *vis* et *tempestas* sont, en effet, ces choses extraordinaires, et l'on ne peut étendre au delà de ses termes une clause par laquelle une des parties se charge des risques.

Il nous reste maintenant à traiter ce qui concerne la preuve en matière de risques et périls. Les principes sont à peu près les mêmes qu'en matière de prestation des fautes. Celui qui prétend être libéré par la perte d'une chose devra fournir la preuve de la perte ; mais il n'aura point à prouver qu'il n'y a eu aucun dol de sa part, car nous savons que le dol ne se présume pas. Ce sera à l'autre partie à prouver le dol qui a amené la perte de la chose. Celui des contractants qui est tenu de la faute doit, en cas de perte, prouver qu'elle a eu lieu par cas fortuit, pour mettre sa responsabilité à l'abri. En résumé, toute la théorie de la preuve repose sur la simple observation que celui qui n'est tenu que de la bonne foi n'a rien à prouver, et que celui qui s'est engagé à une diligence spéciale, en vertu de la nature du contrat, est tenu de la procurer.

CHAPITRE II.

DES RISQUES ET PÉRILS DANS LES CONTRATS.

SECTION PREMIÈRE.

DES RISQUES ET PÉRILS DANS LES CONTRATS UNILATÉRAUX.

§ Ier.

Du Mutuum.

Nous avons vu qu'en appliquant à l'obligation d'un genre les règles : *Impossibilium nulla est obligatio,* et *Casus fortuiti a nemine præstantur*, nous étions conduits à cette conséquence que le débiteur supporte les risques et périls des corps certains appartenant au genre, qui périssent chez lui avant la livraison; et, comme le débiteur ou le créancier peuvent choisir dans tout le genre, il est évident que la perte d'une ou de quelques espèces ne rend pas l'exécution de l'obligation impossible.

Il en est du *mutuum* comme de l'obligation d'un genre. La chose empruntée sera aux risques et périls du débiteur, de l'emprunteur, qui est tenu, non *de re ipsa*, mais *de re ejusdem generis, qualitatis et quantitatis.* Il nous importe de faire remarquer que dans ce contrat, où la règle *Res perit domino* pourrait être invoquée, les sources du droit où [nous puisons disent que l'emprunteur supporte les risques et périls, non pas parce qu'il est devenu propriétaire, mais parce qu'il est devenu débiteur d'un genre ou d'une quantité. Mais le *mutuum* est un contrat réel, et il ne faut pas confondre le contrat lui-même avec la promesse du prêt, qui, en droit romain, ne produit aucune obligation civile. Ainsi, je promets de vous donner en *mutuum* 100 solides que j'ai dans ma caisse ; ils me sont volés : les risques et périls seront pour moi, car le contrat n'a pas été formé. Il en serait autrement si l'argent était resté dans ma caisse par suite d'une autre convention, par exemple, si, après avoir compté l'argent à l'effet de le prêter, nous convenions que j'en resterai dépositaire pendant un certain temps ; si la somme est volée, elle sera à vos risques et périls, sauf les cas particuliers au contrat de dépôt qui pourraient les mettre à ma charge, comme nous l'avons déjà vu.

Nous trouvons dans la loi 11, Dig., *de rebus creditis*, une espèce intéressante. Si, n'ayant pas d'argent et voulant obliger une personne, je lui donne un objet pour le vendre et en garder le prix, il y aurait, jusqu'au moment de la vente, un contrat innommé ; mais, après la vente, y a-t-il *mutuum* ? Ulpien se prononce pour l'affirmative, et dit : *Si vendideris, puto mutuam pecuniam.* Cependant le même Ulpien déclare, à la loi 19, Dig., *de præscriptis verbis*, qu'il n'y aura *mutuum* qu'après que celui qui a vendu l'objet en a accepté le prix dans l'intention de le garder à titre de *mutuum* : Il sera plus sûr, dit-il, d'intenter l'action

præscriptis verbis. Ces distinctions sont fort impor-
tantes, à cause des risques et périls.

Si je reçois un objet particulier pour le vendre et en
garder le prix à titre de *mutuum,* supposons que ce
contrat n'existe qu'à partir du moment où j'ai accepté
le prix avec l'intention d'en faire emploi. Mais alors
qui supportera les risques et périls dans l'intervalle
du moment où l'objet m'a été remis à celui où j'ai
contracté le *mutuum ?* Ulpien fait une distinction : si
celui qui a donné l'objet avait intention de le vendre
et avait ainsi intérêt à ce qu'il fût vendu, ou bien s'il
ne destinait pas l'objet à la vente. Dans le premier cas,
les risques seront pour le prêteur ; dans le second cas,
ce sera l'emprunteur qui les supportera. D'après cette
distinction, nous voyons que, dans l'intervalle, ce sera
un contrat *sui generis,* un contrat innommé ; car si c'é-
tait un *mutuum* dans tous les cas, les risques seraient
pour l'emprunteur, et si c'était un mandat de vendre
la chose, les risques seraient pour le mandant.

Mais ici nous sommes encore en contradiction avec
Africain, qui, dans la loi 34, Dig., *mandati,* prétend
qu'il n'y a même pas *mutuum* après que celui qui a
vendu a reçu le prix. Les hésitations d'Ulpien qui
ne sait trop au juste à quel moment le *mutuum* se
formera, l'opinion d'Africain qui déclare que ce contrat n'existera dans aucun cas, font pressentir un
changement survenu dans la jurisprudence.

En effet, nous croyons avec Cujas que c'est le seul
moyen de lever cette opposition des deux jurisconsultes. Dans l'ancien droit, on n'admettait de *mutuum* qu'à la condition que ce fût l'argent même du

prêteur qui fût transmis à l'emprunteur ; ce qui n'a
pas lieu dans les hypothèses prévues par ces lois, puisque ce n'est que le prix de l'objet qui devient la propriété de l'emprunteur. Donc, dans l'ancien droit, il
n'y avait pas de *mutuum* dans ce cas-là, et, au temps
d'Africain, cette doctrine était sans doute pleinement
en vigueur. Au temps d'Ulpien, la jurisprudence com-
mençait à se montrer moins rigoureuse, par suite de
l'introduction d'une *traditio ficta*, extension de la tradition *brevi manu*. Dans la loi 11, *de rebus creditis*,
Ulpien subit l'influence de cette nouvelle jurisprudence : on y suppose, en effet, que celui qui donne à
vendre est censé recevoir le prix de celui qui vend,
pour le lui restituer à titre de prêt. La loi 19, *de præscriptis verbis*, ressent les effets de la nouvelle doctrine ; mais Ulpien n'est pas encore sûr de lui : il vaut
mieux, dit-il, intenter l'action *præscriptis verbis*.

Ainsi donc, sous Justinien, il y aura *mutuum* lorsque celui qui a vendu l'objet reçoit le prix et le garde
à titre de prêt, mais seulement à ce moment-là. En
attendant que le *mutuum* soit consommé, les risques
seront pour celui qui a donné à vendre, s'il avait l'intention de vendre. Dans le cas contraire, ils seront
pour l'emprunteur, dans l'intérêt exclusif duquel le
contrat a été passé.

C'est par une pareille fiction que les empereurs Dioclétien et Maximien (loi 8, Code, *si certum petatur*)
déclarèrent qu'il y a *mutuum* dans le cas où l'on reçoit
une chose avec une estimation fixée d'un commun
accord, à condition qu'on deviendra débiteur de cette
estimation. Dès le moment de l'estimation, la chose

passe aux risques de celui qui la reçoit, sans qu'il soit nécessaire de faire la distinction que nous venons de voir.

§ II.

Du commodat.

Dans toute obligation où il s'agit de la livraison ou de la restitution d' .e chose déterminée, d'une *species*, ce sera, d'après les règles exposées ci-dessus, le créancier qui devra supporter le risque et péril. Par conséquent, le commodataire, et, une fois pour toutes, celui qui doit un corps certain *ex stipulatu*, l'héritier qui a été chargé par le testateur de livrer sa propre chose, celui qui a reçu un *indebitum*, le dépositaire, celui qui a reçu un précaire, le créancier gagiste, le mandataire, le tuteur, sont libérés par la perte, dans leurs mains, du corps certain qu'ils devaient restituer ou livrer; donc le créancier, le stipulant, le légataire, celui qui a payé l'*indebitum*, le prêteur, etc., porteront le risque et péril tant de la perte totale que des détériorations qui ne peuvent être imputées au débi-teur. Il y aura cependant des cas où le commodataire se trouvera responsable de la perte fortuite, s'il a été constitué en demeure, ou encore si, la chose prêtée ayant été estimée, il avait promis de rendre la chose ou son estimation. Domat enseignait que, lorsque la chose avait été estimée, le commodataire assumait sur lui tous les risques et périls, lors même qu'il n'y avait pas de promesse de payer l'estimation. Cette doc-

trine ne repose sur aucun texte, et la loi 5, § 3, Dig.,
commodati vel contra, dit précisément que non-seulement il y a eu estimation, mais encore promesse de
payer la chose ou l'estimation. Il serait donc à la fois
contraire au texte et contraire aux principes d'admettre, pour un contrat qui n'a pour but qu'un usage
très-limité, la présomption que l'estimation vaut vente.
L'interprétation de Domat a pourtant été consacrée
par l'art. 1883 du Code Napoléon.

Le commodataire doit, disent les textes, se servir
de la chose prêtée avec toutes les précautions du père
de famille le plus diligent. Cette obligation de veiller
à sa garde et à sa conservation, au détriment même de
ses propres affaires, résulte de ce que le contrat est
entièrement à son avantage. Aussi n'y aura-t-il guère
de cas où l'on ne pourra trouver le commodataire en
faute, de sorte que presque toujours il sera tenu des
risques et périls. Que les objets empruntés et ceux de
l'emprunteur se trouvent exposés à un péril commun,
il sera tenu de la perte des premiers, s'il a eu le mal-
heur de songer à sauver d'abord ce qui lui appartient.
S'il dépasse, en quoi que ce soit, les limites du contrat, à moins que le nouvel usage soit tel qu'il peut
présumer que le prêteur l'eût autorisé, on l'accusera
d'avoir commis un *furtum usus*, et le voilà soumis,
non-seulement à l'action du commodat, mais encore à
la *condictio furtiva* et à l'*actio furti*. Mais si l'emprunteur a observé toutes les conditions du contrat,
s'il a employé tous les soins d'un bon père de famille,
il ne répond plus ni des pertes ni des détériorations
qui sont la conséquence inévitable de l'usage qu'il est

autorisé à faire de la chose empruntée, car le prêteur s'est soumis à toutes ces éventualités.

§ III.

Du dépôt.

Le dépositaire, de même que le commodataire, n'est point tenu des risques et périls de la chose déposée chez lui. Débiteur d'une *species*, il répond au déposant : *Impossibilium nulla est obligatio*. Mais, pour lui, le contrat ne lui procure, en règle générale, aucun avantage ; les cas où il deviendra responsable de la perte des objets déposés seront donc moins nombreux. La curieuse question dont nous venons de parler en traitant des risques et périls en matière de commodat, de savoir si, dans un péril commun, le dépositaire doit premièrement sauver les objets lui appartenant ou ceux déposés chez lui, n'est point décidée par les textes, comme pour le commodataire. Aussi les jurisconsultes ne sont-ils pas d'accord sur ce point. Les uns, comme Voët, admettent que, de même que le commodataire, s'il ne peut sauver que ses propres valeurs ou celles qui lui ont été remises en dépôt, il sera responsable de la perte des objets qu'il aura négligé de sauver. Les autres, comme Brünemann, déclarent qu'il faut faire une distinction. Si les choses déposées sont plus précieuses que celles qu'il a sauvées, il sera responsable ; dans le cas contraire, il ne le serait pas. Ces deux solutions nous paraissent également mauvaises. La première est trop rigoureuse, car elle assimile le dépositaire au commodataire, dont cependant la position est tout à fait opposée, en le forçant à avoir plus de soins des affaires d'autrui que des siennes propres : ce qui est contraire non-seulement aux principes du droit romain, mais encore à l'équité. La seconde est certainement plus équitable, mais on peut contester qu'elle soit juridique : ce serait, en effet, du hasard que dépendrait l'obligation du dépositaire. Pour nous, cette discussion se réduit tout simplement à une question de fait, c'est-à-dire à savoir si un homme d'une diligence ordinaire aurait pu sauver les choses déposées. Cette question se décidera donc par des présomptions, par exemple, comme le droit canon le dit : si le dépositaire a sauvé tout ce qui lui appartient, il y a présomption qu'il eût pu également sauver les choses déposées. Ce serait donc au dépositaire à prouver qu'il n'a pu sauver le dépôt avec ce qui lui appartenait, tandis qu'en règle générale, c'est le déposant qui eût dû prouver la mauvaise foi. Nous devons ajouter que le système de Brünemann est cependant vrai dans un sens, et que sa distinction est utile ; car, si les choses déposées sont plus précieuses que celles qu'il a sauvées et qui lui appartenaient, et s'il eût pu les sauver aussi bien que les siennes, il serait tenu, comme ne s'étant pas constitué gérant d'affaires pour sauver le dépôt à ses dépens, sauf une indemnité, mais il ne le serait point comme dépositaire.

Nous avons déjà vu que le dépositaire est présumé assumer sur lui certains risques et périls, lorsqu'il s'est présenté spontanément pour recevoir le dépôt.

Nous trouvons encore dans les textes certains cas

où le dépositaire sera tenu de tout risque et péril. Lorsque le dépôt de choses fongibles a eu lieu dans l'intérêt seul du dépositaire, avec le loisir de s'en servir au besoin, les risques portent sur sa tête. Voici l'espèce prévue par la loi 4, Dig., *de rebus creditis :* Je n'ai pas l'intention de placer mon argent à intérêt; vous êtes sur le point d'acheter des terres, et il vous faut recourir à un emprunt; mais vous ne voulez le contracter qu'après l'achat : pour moi, ayant besoin de faire un voyage, je dépose chez vous la somme, et, dans le cas où vous achèterez, ce dépôt deviendra un prêt. Dans ce cas, le dépôt est aux risques et périls de celui qui l'a accepté. Il y a ici dépôt et *mutuum* conditionnel. Il en serait autrement dans l'espèce prévue par la loi 10, au même titre, quoiqu'il y ait également dépôt et prêt conditionnel : J'ai déposé chez vous une somme, et je vous permets, en cas de besoin, de vous en servir ; il n'y aura pas *mutuum* avant qu'il y ait usage de la chose, et, par conséquent, les risques ne seront supportés par le dépositaire qu'autant qu'il aura fait usage de la somme, et jusque-là ils demeurent à la charge du déposant. Cette différence provient de ce que, dans le cas précédent, celui qui avait fait ce dépôt n'avait aucun intérêt à contracter, puisqu'il n'avait ni l'habitude ni l'intention de placer son argent à intérêt. Si le dépôt vient à périr fortuitement avant que la condition du prêt soit réalisée, le dépositaire en supportera la perte, parce que c'est dans son unique intérêt que le dépôt devait, suivant les circonstances, se convertir en prêt. Dans le second cas, c'est l'intérêt du déposant qui est en jeu, et le dépositaire ne se trouve nullement engagé par la permission qui lui a été donnée de se servir du dépôt.

Le dépositaire est encore tenu des risques et périls lorsqu'il a été constitué en demeure, comme nous l'avons déjà vu, mais pourvu cependant que la chose n'eût pas péri chez le déposant, si elle lui avait été rendue lorsqu'elle devait l'être.

Lorsqu'il s'est rendu coupable d'une faute en abusant du dépôt, par exemple s'il a ouvert un sac d'argent fermé (*signatum*) pour s'en servir, c'est alors un vol d'usage qui le rend responsable.

Le dépositaire est encore tenu des risques et périls, lorsque, après avoir vendu la chose, il l'a rachetée, si elle périt fortuitement. C'est qu'il a commis une faute en vendant la chose, et que, par suite de ce vol d'usage, il est constitué *in perpetua mora* jusqu'à la restitution du dépôt.

Enfin, lorsqu'on a fait une convention spéciale par laquelle il assumait sur lui tous les risques et périls.

Tout ce que nous venons de dire s'applique au dépôt régulier. Il y a un autre dépôt, que l'on appelle le dépôt irrégulier. La différence entre ces deux contrats consiste en ce que le dépositaire, dans le second, restituera les choses *in genere*, et non pas *in specie*, comme dans le premier. Ce contrat n'en est pas moins un dépôt, puisque son but principal est toujours la garde de la chose au profit du déposant, et il ne peut s'appliquer qu'aux choses fongibles, de même que le *mutuum*, avec lequel il a une grande analogie. En matière de risques et périls, cette analogie est complète, puisque, de même qu'ils sont supportés par l'emprunteur dans le *mutuum*, ils le sont, dans notre espèce, par le dépositaire. Quant aux différences entre le *mutuum* et le dépôt irrégulier, quoiqu'elles soient en dehors de notre sujet, nous les mentionnerons cependant : le *mutuum* est un contrat *stricti juris*, le dépôt un contrat *bonæ fidei*. Le *mutuum* doit être restitué au terme fixé, le dépôt doit être restitué à la première demande.

§ IV.

Du gage.

Les changements qui sont survenus dans la nature du contrat de gage ont fait varier aussi la jurisprudence romaine en matière de risques et périls. Primitivement, la *fiducia* transmettait au créancier la propriété de la chose mise en gage au moyen de la mancipation. C'était, comme nous l'avons déjà dit, une véritable vente sous condition résolutoire, dont la condition était le payement de la dette. Par conséquent, les risques et périls étaient à la charge du créancier pour la perte totale, et à la charge du débiteur pour les détériorations partielles. Lorsque la *fiducia* a fait place au *pignus*, qui ne donne au créancier que la possession, les rôles ont été intervertis, et les risques sont passés à la charge du débiteur. Nous avons vu que c'était d'une loi au Code, sur le gage, que l'on avait voulu tirer la règle *Res perit domino*, et nous avons démontré qu'évidemment cette constitution ne s'occupait point d'une règle générale. Pour le démontrer plus clairement encore, il nous suffirait de dire, comme M. Ducaurroy, que, dans l'espèce, le possesseur est aussi créancier, et que, puisqu'on applique tantôt la règle *Res perit domino*, tantôt la règle *Res perit creditori,* nous n'avons pas plus de sujet d'appliquer l'une que l'autre. Comme il est impossible de les admettre toutes les deux, il est donc nécessaire de les rejeter. Ainsi donc, dans l'état où se trouvent les choses à l'époque de Justinien, le créancier gagiste avait le droit de réclamer son payement, et même le remboursement des avances qu'il avait faites utilement pour l'entretien du gage, lorsque la chose avait péri chez lui sans qu'il y eût de sa faute.

§ V.

Du mandat.

Dans le mandat, tout doit s'exécuter aux risques et périls du mandant. Alors même que l'affaire a complétement échoué ou qu'elle n'a pu être menée à fin, il y a obligation pour le mandant à rembourser toutes les avances faites par le mandataire, lorsqu'il a été de bonne foi, et c'est à quoi lui servira l'action *mandati contraria.* C'est en effet une conséquence directe du principe de l'imputabilité, suivi toujours par le droit romain dans la réparation civile des dommages, que le mandant les supporte, puisque c'est lui qui a voulu l'exécution d'un contrat qui, en règle générale, est

entièrement à son avantage, pourvu que le mandataire soit à l'abri de tout reproche, et ait mis dans l'exécution du mandat tous les soins d'un bon père de
famille.

Mais, quant aux pertes fortuites qu'il a éprouvées,
le mandataire aura-t-il le droit de réclamer de son
mandant une réparation? Évidemment, si les pertes
peuvent être imputées au mandataire, le mandant ne
peut en être responsable; mais, dans le cas où la perte
n'est nullement imputable, par exemple s'il s'agit
d'un vol de grand chemin, d'un naufrage, de maladies, qui du mandant ou du mandataire supportera la
perte? Sur cette question, les commentateurs diffèrent,
et, faute d'avoir subordonné l'obligation pour le mandant de payer cette indemnité à la condition que le
dommage fût une conséquence nécessaire du mandat,
ils ont cru voir de l'opposition dans les textes.

Nous croyons, au contraire, que toutes les lois relatives aux risques et périls dans le mandat sont parfaitement d'accord. Ainsi la loi 26, § 6, Dig., *mandati
vel contra*, nous paraît renfermer les vrais principes
sur la matière, et les autres textes ne présentent que
l'application de ces principes.

Cette loi est ainsi conçue : *Non omnia quæ impensurus non fuit mandator imputabit, veluti quod spo-
liatus sit a latronibus, aut naufragio res amiserit,
vel languore suo suorumque apprehensus, quædam
erogaverit : nam hæc magis casibus quam mandato
imputari oportet.*

Dans cette loi, aux précédents paragraphes, le jurisconsulte Paul vient d'examiner les questions rela-

tives aux déboursés et avances faits par le mandataire, et de cette question il passe à celle des pertes
fortuites non imputables au mandataire, telles que
celles qui peuvent être occasionnées par des naufrages, etc. Il se demande si le mandant sera obligé de
payer une indemnité au mandataire. Il résout cette
question par la distinction suivante : lorsque le mandataire, qui a éprouvé un de ces accidents, était por-
teur de sommes ou de valeurs non exigées pour l'exécution du mandat, la perte de ces sommes doit être
imputée au hasard; et comme personne n'est tenu
de réparer le dommage causé par un hasard, le mandant ne devra aucun remboursement : *Casus fortuiti
a nemine præstantur*. Aussi le texte dit-il que le
mandataire n'imputera pas tout au mandant : *Non
omnia quæ impensurus non fuit, mandator imputabit*. Il ne lui imputera pas les sommes dont il n'aura
pas fait emploi pour l'exécution du mandat, ni les
pertes qui seraient arrivées indépendamment de cette
exécution. Tout fait qui ne se trouvera pas dans un
rapport direct avec le contrat, toute perte qui n'en
sera pas une conséquence nécessaire sera aux risques
et périls du mandataire, car elle dépend du hasard :
Magis casibus imputari oportet.

Mais on admettra que la perte non imputable au
mandataire sera supportée par le mandant, lorsqu'elle
se rattache à un fait découlant nécessairement de l'exécution du mandat; car tout ce qui tend à l'exécution du
contrat est voulu par le mandant, lui est imputable et
peut être pour lui une occasion de perte, de même que
tout ce qui est étranger à cette exécution demeure

étranger à la volonté du mandant, et ne peut lui être
imputé. Ainsi, d'après la disposition finale et d'après
la loi 52, § 4, Dig., *pro socio*, que nous analyserons
lorsque nous traiterons du *contrat de société*, le mandataire devra imputer au mandant les sommes employées à l'exécution du mandat, et les frais de guérison, lorsqu'il s'agit de blessures reçues lors de
l'exécution du mandat.

Voilà donc le principe que nous devons adopter :
si la perte, non imputable au mandataire, peut être
imputée au mandat et, par conséquent, au mandant,
ce dernier en sera responsable ; si c'est un effet du
pur hasard, le mandataire devra la supporter.

La loi 26, § 7, au même titre, n'est qu'une application de ce principe. Dans ce paragraphe, Paul déclare
que le mandant n'est point responsable du vol qui a
été fait au mandataire par un esclave acheté en exécution du mandat, lorsque le mandant a ignoré que
l'esclave fût voleur.

Si nous comparons à ce paragraphe la loi 61, § 5,
Digeste, *de furtis*, nous y verrons une opposition
apparente. Africanus y déclare au contraire le mandant responsable du vol commis par un esclave déterminé que le mandataire devait acheter, et sans
distinguer si le mandant eût connu ou ignoré le vice
de l'esclave. D'où provient cette différence entre les
deux cas ? Parce que, dans le premier cas, le mandat
laissait au mandataire la latitude d'éviter la perte
causée par le vol : le mandataire, ne connaissant pas
l'esclave, devait prendre des précautions, s'informer
des vices et des qualités de l'esclave ; il pouvait en

acheter un autre esclave, puisqu'il n'avait mandat que d'acheter un esclave *in genere*. Le mandataire pouvait ainsi éviter le vol, qui doit, en conséquence, lui être imputé. Le mandant ne sera tenu que de la *noxæ deditio*; mais, par cela seul, il n'est pas personnellement responsable, car nous avons vu que c'est en vertu du principe de l'imputabilité que le dommage causé par les animaux ou par les esclaves ne soumettait immédiatement le propriétaire à aucun dommage et intérêt autre que la *noxæ datio*, qui ne retombait sur lui qu'au cas où il était encore possesseur de l'animal ou de l'esclave.

Dans le second cas, le mandant doit au contraire être reponsable; car il ne peut faire au mandataire un reproche de ne pas avoir pris d'informations, puisque c'est lui qui lui a désigné l'esclave pour l'acheter. C'était donc à lui qui, en principe, est tenu de toute faute envers le mandataire, de voir si l'esclave était exempt de ce défaut, ou, dans le cas où il le lui connaissait, d'en prévenir le mandataire; il est donc juste que celui-ci, qui a exécuté de bonne foi le mandat, ne ressente pas la perte du vol, lorsque, bien entendu, aucune faute ne lui est imputable, et qu'il ne s'est pas exposé lui-même à ce préjudice, en confiant à l'esclave de l'argent, comme l'ajoute Africanus dans le paragraphe 7 de la loi 61.

C'est en distinguant entre le mandat d'acheter un esclave *in genere* et le mandat d'acheter tel esclave déterminé, que presque tous les jurisconsultes concilient ces deux lois; car, malgré les mots *quod si ego scissem* de la loi 26, il ne faudrait pas croire,

comme le fait Gluck, qu'il s'agit dans cette loi d'un
esclave déterminé. En effet, le mandant peut n'avoir
eu connaissance du vice qu'après l'achat de l'esclave
par le mandataire, et, dans ce cas, il serait en faute
de ne pas l'en avertir aussitôt qu'il le peut. Du reste,
les expressions de la loi 26, *servus*, et de la loi 61,
certum hominem, sont trop différentes pour que l'on
puisse supposer qu'il s'agit de la même espèce.

Ainsi donc toutes ces lois s'interprètent sans contrariété aucune, et sont l'application du principe posé
dans le paragraphe 6 de la loi 26, Digeste, *mandati
vel contra*, principe que nous retrouverons également
en traitant du *Contrat de société*, où les mêmes difficultés se reproduisent, et qui n'est qu'une conséquence d'un de ceux que nous avons adoptés comme
règles en notre matière : *Casus fortuiti a nemine
præstantur*.

SECTION II.

DES RISQUES ET PÉRILS DANS LES CONTRATS SYNALLAGMATIQUES NOMMÉS.

§ Ier.

De la vente.

C'est surtout en matière de vente que la question
des risques et périls accumule les difficultés. Parmi
les jurisconsultes qui se sont occupés de cette importante question, les uns, jugeant en philosophes,
comme Puffendorf et Barbeyrac, ont décidé, malgré

les textes, que la vente se trouvait résolue par la perte de la chose avant la livraison, et que, par conséquent, les risques étaient à la charge du vendeur. D'autres, comme Cujas et Pothier, ont admis qu'il y avait contrariété d'opinions entre les jurisconsultes romains, mais que cependant le plus grand nombre de textes décidait que les risques étaient à la charge de l'acheteur. D'autres enfin, tout en étant de la même opinion, prétendent que les solutions données par les textes sont contraires aux principes admis généralement en cette matière par les jurisconsultes romains et à l'équité, et qu'elles forment un système de droit exceptionnel.

Pour nous, indépendamment de tout texte, nous arrivons, en appliquant aux contrats synallagmatiques les principes déjà posés, à une conséquence générale : si je me suis obligé à livrer une chose déterminée pour un certain prix ou une autre prestation quelconque, et que cette chose vienne à périr fortuitement, je suis libéré, nul n'étant tenu de l'impossible ; de plus, le créancier demeurera obligé envers moi, puisque, étant débiteur d'un genre, il ne pourra invoquer le même motif de libération ; donc ce sera lui qui supportera le risque et péril. En effet, il ne devra pas moins exécuter l'engagement qu'il a pris de son côté, et, s'il l'a déjà exécuté, il n'aura aucun droit d'y revenir. Si seulement il y a détérioration fortuite, le débiteur se libérera en livrant la chose dans l'état où elle se trouve, et le créancier devra néanmoins remplir tous ses engagements.

En ce qui concerne le contrat de vente, la chose

vendue doit être livrée à l'acheteur par le vendeur. Ce dernier sera donc libéré par cela seul que le hasard l'aura mis dans l'impossibilité de livrer la *species* achetée. Mais l'acheteur ne pourra jamais se prévaloir de la même règle, puisque le genre ne périt pas : il supportera donc les risques et périls du contrat. C'est en effet la solution donnée par la plupart des textes, notamment par la loi 5, § 2, Digeste, *de rescindenda vendilione*, et par les Inst., livre III, tit. XXIII, § 3. Cependant il y a quelques textes célèbres parmi les jurisconsultes qui semblent être contraires aux précédents. Ce sont : 1° la loi 33, Digeste, *locati conducti;* 2° les lois 12 et 14, Digeste, *de periculo et commodo rei venditæ.* Ce sont ces textes que nous allons examiner.

La loi 33, Digeste, *locati conducti,* est tirée des questions d'Africain. Elle semble dire que lorsque la chose vendue n'a pas été livrée, les risques sont pour le vendeur, en ce sens que l'acheteur a le droit de réclamer le prix qu'il a payé : « Si, dit cette loi, le fonds que vous m'avez loué vient à être vendu au profit du fisc, le contrat sera résolu, de même que si vous aviez loué une maison à construire, et que le sol se fût ouvert ; et, si vous aviez vendu un fonds qui fût aussi confisqué, notre acheteur aurait l'action *ex empto* pour vous faire restituer le prix. » Ainsi Africain, après avoir exposé les vrais principes de la théorie des risques en matière de louage, les applique entièrement à la vente, et, par suite, fait supporter au vendeur les risques et périls de la chose vendue. Aussi tous les commentateurs ont dû chercher à interpréter cette loi et à la rendre conforme aux principes posés plus haut.

Voici quelles sont les différentes interprétations. On a fait observer que, dans le cas prévu par cette loi, il serait possible de ne pas voir là un risque, un cas fortuit ; puisque la chose ne périt pas, le vendeur pourrait toujours, à la rigueur, remplir son obligation. Le fisc, en s'en emparant, sans qu'il y ait faute de la part du vendeur, laisse néanmoins subsister la chose. Les causes de revendication du fisc nous sont inconnues ; mais ce sont probablement des vices dont le vendeur est responsable ; d'où il résulterait pour lui l'obligation de restituer le prix à l'acheteur. Ainsi donc on pourrait dire que si cette loi est contraire aux principes du droit romain relatifs aux risques et périls, c'est que, dans cette espèce, il ne s'agit pas d'un cas fortuit. Telle serait la solution la plus plausible, mais nous la rejetons néanmoins.

On a dit aussi qu'il y avait faute de la part du vendeur, puisqu'il s'agit d'une confiscation. Mais, comme Africain semble faire une comparaison entre le louage et la vente, et que, pour le louage, il fait voir qu'il n'y a point faute : « *Quamvis per te non stet, quominus id præstes,* » nous devons également supposer qu'il n'y a point faute de la part du vendeur. D'ailleurs, s'il y avait faute, non-seulement le vendeur serait obligé de restituer le prix, mais encore de donner des dommages et intérêts. De plus, Africain assimile ce cas à la perte fortuite, ce qui écarte toute idée de faute.

Pothier, dans son *Traité du contrat de vente,* admet

comme plausible une opinion émise par Davezan, qui
suppose que, « dans l'espèce rapportée par Africain,
si l'acheteur a la répétition du prix, c'est que les lois
qui ordonnaient aux possesseurs de quitter la possession de leur héritage pour quelque cause publique
portaient apparemment cette clause : *Nonobstant
toutes ventes qui lui en auraient été faites précédemment, lesquelles demeureront nulles.* La vente étant
donc, dans ce cas, rescindée, l'acheteur a la répétition du prix; mais, lorsque la chose vendue a péri, la
vente n'est pas pour cela rescindée. » Cette explication,
plausible en effet, doit cependant être rejetée, faute
de textes sur lesquels on puisse s'appuyer.

D'autres ont dit que la confiscation est une éviction,
et que l'éviction doit être supportée par le vendeur;
mais alors il devrait, en outre, des dommages et intérêts, et le texte dit positivement qu'il n'y en a pas à
payer à l'acheteur. C'est cependant l'opinion enseignée par Mühlenbruch, qui dit que le vendeur devra
restituer le prix, non pas parce qu'il supporte les
risques, mais seulement *evictionis jure.*

Pour nous, nous pensons avec MM. Pellat, Ducaurroy et Ortolan, que, les jurisconsultes romains
n'ayant pas été d'un avis unanime sur cette question,
Africain avait émis une opinion à part, et qu'autrement cette loi est inexplicable.

Cujas s'était appuyé sur cette loi d'Africain pour
soutenir que, en principe, les risques en matière de
vente sont supportés par le vendeur. Mais, plus tard,
il adopta l'opinion contraire, tout en déclarant que
l'autre opinion lui paraissait plus équitable. Cepen-

dant sa première opinion a été suivie par d'autres jurisconsultes, qui citent, à la suite du texte d'Africain, deux autres textes, les lois 12 et 14, § 1er, Dig., *de periculo et commodo rei venditæ.*

La loi 12 contient l'espèce suivante : « un édile a brisé des lits achetés placés sur la voie publique; si, dit le jurisconsulte Paul, ils avaient été livrés à l'acheteur, ou si c'était par sa faute qu'ils ne lui eussent pas été livrés, la perte sera pour lui; mais, s'ils n'ont pas été livrés, et que l'acheteur ne fût point en demeure de les recevoir, la perte sera pour le vendeur. » Ce n'est une perte pour le vendeur que parce qu'il y a faute de sa part à avoir exposé dans une rue les lits qu'il avait vendus. Il y avait contravention à l'édit des édiles, et le vendeur doit évidemment supporter les pertes causées par sa négligence.

La loi 14, § 1er, contient une espèce à peu près analogue : « Des matériaux vendus ont été volés, dit le même jurisconsulte; s'ils ont été livrés, la perte est pour l'acheteur; sinon, elle est pour le vendeur. » Nous devons en conclure tout simplement que le vendeur qui n'a pas encore livré la chose vendue est tenu de la *custodia*, et non pas que les risques se trouvent, même dans ce cas, à la charge du vendeur; car, comme le dit Pothier dans son Commentaire du Digeste, la perte sera supportée par le vendeur, à moins qu'il ne prouve que le vol a eu lieu sans qu'il y eût de sa faute.

Ainsi nous voyons que, en droit romain, les risques étaient bien pour l'acheteur. Mais, comme nous l'avons déjà dit, certains jurisconsultes ont considéré ces décisions comme contraires à l'équité et aux principes consacrés par le droit romain, en matière de risques et périls, dans les autres contrats.

De là il naît une importante question à examiner, celle de savoir si les décisions qui font, avant la tradition, supporter les risques et périls à l'acheteur, sont conformes à l'équité et à la prudence législative ?

Cette question, dont la portée philosophique est tellement élevée, que Pothier lui-même a reculé devant la solution, est d'autant plus difficile à résoudre que les législations modernes ne sont point d'accord sur les risques et périls en matière de vente. Pothier défendait l'équité du droit romain contre les attaques des jurisconsultes philosophes, Puffendorf et Barbeyrac, qui sont d'un avis opposé, et il disait : « Quoique les raisons pour les jurisconsultes romains me paraissent devoir l'emporter, néanmoins il faut avouer que la question a ses difficultés, et qu'il semblerait même que les jurisconsultes romains n'auraient pas été unanimes. » Cette prudente réserve, que Pothier s'était imposée, provenait, sans doute, des incertitudes de Cujas sur cette question, et de la première opinion de ce grand jurisconsulte.

Si maintenant nous reportons les yeux sur les législations modernes, les unes font supporter les risques et périls au vendeur ; les autres, parmi lesquelles nous sommes heureux de placer le Code Napoléon, les font, comme le droit romain, supporter à l'acheteur.

Ainsi de toutes parts nous ne voyons que contra-

dictions et divergences dans les opinions. Pour nous,
nous croyons que la solution de cette question est
renfermée dans celle de la question suivante:

Les principes adoptés en droit romain, relativement
aux risques et périls, sont-ils de droit commun ou de
droit exceptionnel?

En effet, l'équité des dispositions ne ressort-elle
pas clairement de la question de savoir si, pour faire
supporter les risques à l'acheteur, on a été obligé de
sortir des principes ordinaires? Si les décisions que
nous avons examinées sont contraires aux règles adoptées pour les autres contrats, il est évident qu'elles
doivent en même temps être contraires à l'équité romaine.

Ceux qui reprochent aux décisions du droit romain
de s'être écartées de l'équité et des principes généraux, prétendent que l'acheteur ne s'est obligé à payer
le prix qu'à condition que le vendeur lui livrât la
chose, contrairement au principe de la loi 5, § 2,
Dig., *de rescindenda venditione*, qui considère la
perte fortuite comme équipollente à la livraison :
Mortuo autem homine, dit cette loi, *perinde habenda
est venditio, ac si traditus fuisset; ut pote cum venditor liberetur, et emptori homo pereat.* Pothier, qui
défend l'équité du droit romain, a répondu que cette
proposition est inexacte. L'acheteur, en effet, s'est
obligé à payer le prix, non pas à condition que le vendeur lui livrât la chose, mais à condition que le vendeur s'obligeât de son côté à la lui faire avoir. Il suffit donc, dit Pothier, d'après le texte que nous venons
de rapporter, que le vendeur s'y soit obligé et n'ait

pas manqué à son obligation, pour que l'obligation de l'acheteur ait une cause et puisse subsister, lors même que la livraison est devenue impossible au vendeur, sans qu'il y ait eu faute de sa part : *Quidquid enim sine dolo et culpa venditoris accidit, in eo venditor securus est*, dit Justinien aux Inst., § 3, *de emptione*. La loi 5, § 2, donne donc le motif pour lequel l'acheteur ne peut refuser d'accomplir son obligation : la perte est équipollente à la livraison.

Dans les textes que nous venons de citer, nous ne voyons rien de contraire aux principes généraux que nous avons adoptés en matière de risques. Rien de moins contraire au principe de l'imputabilité que cette décision qui fait supporter les risques et périls à l'acheteur; parce que le vendeur se trouve dans l'impossibilité de remplir son obligation, faut-il que l'acheteur ne remplisse pas la sienne, qu'il lui est impossible d'exécuter? Non, évidemment; et, parmi toutes les décisions, il n'en est pas une qui donne un motif qui ne soit généralement adopté pour tous les contrats, et qui puisse être considéré comme particulier au contrat de vente. Au contraire, tout se rapporte aux deux principes posés comme règles fondamentales en notre matière : *Impossibilium nulla est obligatio*, et *Casus fortuiti a nemine præstantur*.

Indépendamment de la question de savoir si ces dispositions sont ou non exceptionnelles, quelle raison y eût-il eu d'appliquer des principes exceptionnels à la vente? pourquoi supposer que, pour un contrat du droit des gens, on ait cherché à appliquer des règles qui ne pussent s'appliquer aux autres contrats?

Il est bien plus naturel de croire, au contraire, que ce sont les règles relatives à ces contrats qui, parmi les jurisconsultes romains, se sont introduites et développées avec le plus de spontanéité.

A aucun égard donc, nous ne croyons qu'on puisse considérer ces règles comme exceptionnelles ; elles sont simplement la conséquence nécessaire de nos principes généraux, et notamment de la règle : *Impossibilium nulla est obligatio*, qui, prenant l'impossible pour limite négative des engagements, contient par cela même la plus rigoureuse sanction de tout engagement, c'est-à-dire qu'on en est tenu toujours dans toute la limite du possible ; d'où la cons*.*quence que l'acheteur doit payer le prix, quoiqu'il ne puisse obtenir la chose.

Par suite de ce que nous venons d'établir, nous devrions déclarer que les règles du droit romain relatives aux risques et périls en matière de vente, s'étant incontestablement formées sous l'autorité des principes généraux, peuvent, à pareil titre, revendiquer le patronage de l'équité. Cependant cette question n'est qu'à moitié résolue ; mais nous avons d'abord Justinien qui, dans son titre *de emptione-venditione*, nous dit que l'acheteur, profitant des accroissements de la chose, doit aussi supporter les détériorations : *Ubi commodum, ibi debet esse incommodum*. Le vendeur doit, en outre, céder à l'acheteur les actions de vol et *ex lege Aquilia*. Tous ces avantages étant acquis à l'acheteur, n'est-il pas équitable qu'à son tour, il supporte les désavantages ?

Il est vrai que l'on peut répondre que ce sont là

des conséquences nécessaires du contrat; que si la chose diminue de valeur, c'est l'acheteur qui y perd, et que si le vendeur est obligé de lui céder les actions, c'est parce qu'il n'est tenu ni du vol, ni du *damnum injuria datum*. D'ailleurs on ne saurait trouver pour l'acheteur un avantage opposable à la perte totale. En second lieu, nous pourrions invoquer un argument bien simple : c'est que le vendeur, si la vente ne l'avait pas obligé de garder la chose à la disposition de l'acheteur, eût pu s'en servir utilement, et qu'ainsi, s'il y a iniquité à faire supporter les risques à l'acheteur qui ne s'est donné aucune peine, il y aurait encore plus d'iniquité à les faire supporter au vendeur.

Malgré ces arguments, qui, sans être bien décisifs, ne manquent point d'une grande portée, les adversaires de l'équité des principes sur la vente insistent sur ce que, dans ce contrat, il est essentiel que les parties y trouvent leur avantage réciproque, et ils trouvent étrange que le cas fortuit qui frappe la chose quand elle est sous la garde du vendeur et dans son intérêt, soit toujours et entièrement supporté par l'acheteur.

Pour nous, sans oser donner une solution décisive de cette question, nous croyons devoir nous prononcer pour l'équité des dispositions. Nous supposons, en effet, que ceux qui prononcent dans le sens contraire n'ont envisagé la question qu'au point de vue des principes du droit germanique, principes qui sont absolument les mêmes que ceux adoptés par le droit romain pour déterminer de quel degré de faute

les parties contractantes sont tenues entre elles. Ce
système était, en effet, plus équitable, dans l'idée que
nous nous faisons de l'équité ; mais il l'était surtout
pour les contrats unilatéraux, ce principe faisant dépendre le risque et péril de l'avantage que chaque partie
retirait du contrat. Par conséquent, dans les contrats
synallagmatiques, où les avantages doivent être réci-
proques, chaque partie devait supporter une partie
des risques, ce qui est matériellement impossible
pour la vente ; c'est de là probablement que vient ce
reproche d'iniquité aux principes du droit romain, et
aussi de la comparaison de ces principes en matière
de vente avec ceux admis en matière de louage,
comme nous le verrons plus tard.

Quoi qu'il en soit, nous savons que le *periculum
rei,* comme le *periculum deteriorationis,* est supporté
par l'acheteur. Nous avons maintenant à étudier les
différentes modalités du contrat de vente, et à voir si
les principes que nous avons posés pour la vente
pure et simple d'une *species* sont applicables à ces
diverses formes du contrat.

Si la vente est conditionnelle, la perte totale de la
chose est supportée par le vendeur jusqu'à l'arrivée
de la condition, et les détériorations fortuites sont aux
risques de l'acheteur. Si la chose, en effet, périt avant
l'arrivée de la condition, celle-ci ne pourra plus s'accomplir utilement. Pas d'objet vendu, pas de vente,
et, par suite, pas d'obligation de payer le prix. Ainsi
le vendeur perdra la chose sans avoir le droit de demander le prix ; en d'autres termes, il porte le risque
et péril.

Dans une vente de choses fongibles, dans une vente de chose non déterminée par son espèce, comme cela a lieu dans l'obligation d'un *genus*, ou d'une alternative où l'espèce ne se détermine que par la tradition, ou si l'objet de la vente consiste dans une quantité vendue au poids ou à la mesure, cas où l'espèce ne se détermine que par le mesurage ou la pesée, le risque est supporté par le vendeur jusqu'au moment de la tradition, du mesurage ou de la pesée : c'est qu'avant ces opérations, de même que pour la vente conditionnelle, la vente est imparfaite, et que la chose ou le prix est indéterminé. Il peut, du reste, se présenter plusieurs hypothèses :

1° S'il s'agit d'une vente *in aversione* de choses fongibles, par exemple une vente de tout le grain qui se trouve dans un grenier, il n'y a pas de vente au poids ou à la mesure ; il y a réellement vente d'une *species*, et la vente est parfaite par cela seul que le prix a été convenu pour le tout, indépendamment du mesurage ; la chose est donc aux risques de l'acheteur. C'est, du reste, ce que déclare la loi 35, § 5, Dig., *de contrahenda emptione : Si omne vinum vel oleum, vel frumentum, vel argentum, quantumcumque esset, uno pretio venierit, idem juris est quod in cœteris rebus.*

2° Si je vends une quantité à tant la mesure, par exemple le grain qui est dans mon grenier à tant la mesure, le prix reste indéterminé jusqu'à ce que l'on ait pesé ou mesuré le grain ; la vente est imparfaite, et si la chose périt, il sera impossible de déterminer le prix. Elle est donc aux risques du vendeur.

4

3° Si je vends à tant la mesure une quantité déterminée de mesures de blé à prendre parmi une quantité plus grande que j'ai dans mon grenier, la chose vendue demeurera indéterminée jusqu'au mesurage ; par suite, si la quantité périt avant cette opération, la vente sera imparfaite, et le risque sera supporté par le vendeur.

Ces deux dernières hypothèses sont d'ailleurs comparées par la loi 35, §5, Dig., *de contrahenda emptione*, à la vente conditionnelle, la vente étant censée faite sous la condition que la pesée ou le mesurage aura lieu : *Venditio quasi sub hac conditione videtur fieri.*

Mühlenbruch, en assimilant à notre dernière hypothèse la vente d'un fonds à tant la mesure, applique un principe parfaitement juste ; mais, pour l'appuyer, il prend un texte qui, au contraire, dit positivement que les risques partiels sont à la charge de l'acheteur, et s'applique évidemment à une autre hypothèse que celle prévue par Mühlenbruch. Il s'agit, dans son espèce, d'un champ vendu à tant la mesure. Il applique le principe que nous venons de poser plus haut, et pour les mêmes raisons. Par conséquent, les risques et périls sont à la charge du vendeur jusqu'au mesurage.

Mais il cite (§ 395, note 5) à l'appui de son opinion un passage de la loi 10, § 1er, Dig., *de periculo et commodo rei venditæ*, ainsi conçu : *Fundi nomine emptor agere non potest cum priusquam mensura fieret, inundatione aquarum aut chasmate, aliove quo casu pars fundi interierit.* Dans l'hypothèse prévue par

Mühlenbruch, la vente est imparfaite jusqu'au mesurage, et le vendeur est tenu des risques jusqu'au mesurage. Il faudra donc dire, pour appliquer notre loi dans cette hypothèse : l'acheteur n'a pas d'action ; donc la vente est nulle, donc le vendeur porte le risque. Cette interprétation est peu naturelle, et a cependant été soutenue par des jurisconsultes d'un grand mérite. Mais il est facile d'expliquer la loi plus naturellement : c'est que, dans la vente d'un fonds, le mesurage peut avoir lieu dans un double but, à tant la mesure : c'est l'hypothèse de Mühlenbruch ; ou pour vérifier si le fonds vendu a la contenance déclarée, lorsqu'il a été vendu *per aversionem*. C'est alors un tout qui a été vendu, et la vente est parfaite, même avant le mesurage. Les risques sont donc à la charge de l'acheteur. Si nous appliquons à cette hypothèse la loi 10, tout s'explique. En effet, si la vente est parfaite dès le consentement et avant le mesurage, il est évident que les risques étant pour l'acheteur, il ne pourra faire usage de l'action *empti* pour réclamer une diminution de prix.

Ainsi donc, toutes les fois qu'il s'agira de la vente d'un fonds, il faudra faire les distinctions suivantes :

1º On a vendu tant d'arpents à prendre dans tel fonds ;

2º Un fonds déterminé a été vendu à tant la mesure.

Dans ces deux hypothèses, le risque sera pour le vendeur jusqu'au mesurage ; car, dans le premier cas, la chose est indéterminée ; de sorte que, lors même que le prix eût été déterminé pour tous les arpents ensemble', le risque ne passerait point sur la tête de l'acheteur. Dans le second cas, c'est le prix qui est indéterminé.

3° On a vendu un fonds déterminé pour un prix stipulé pour le fonds tout entier, avec déclaration, de la part du vendeur de telle contenance ; alors la vente sera parfaite, et le risque sera dès lors pour l'acheteur. Si, par hasard, le fonds était moins considérable, l'acheteur aurait alors l'action *empti* pour faire diminuer le prix de vente d'une quantité proportionnelle au défaut de contenance, pourvu que la différence ne provienne pas d'un cas fortuit.

Cette solution ressort clairement de la loi 13, § 14, Dig., *de actionibus empti et venditi*, qui contient une espèce vraiment remarquable. Si, dit cette loi, le vendeur déclare que le fonds contient cent arpents, tandis qu'il n'en a réellement que quatre-vingt-dix, mais que, depuis le contrat et avant le mesurage, une alluvion soit venue augmenter le fonds des dix arpents qui lui manquaient, l'acheteur n'aura pas l'action *empti* pour réclamer du vendeur de bonne foi une diminution de prix ; tandis que, si ce dernier eût connu la véritable contenance du fonds, l'acheteur l'aurait, tout en profitant de l'alluvion, *quia*, dit le texte, en parlant du vendeur, *dolo fecit, nec dolus purgatur*.

C'est en se fondant sur cette loi 13, § 14, et quelques autres textes, que Mülhenbruch, après avoir dit que, lorsque les choses fongibles sont vendues *per aversionem*, elles deviennent des *species*, et suivent les règles ordinaires, quant aux risques et périls, ajoute qu'il en serait ainsi lors même que la quantité aurait été énoncée accessoirement, *obiter* ; mais qu'il en serait autrement si le vendeur avait assuré une certaine contenance ou une certaine mesure. Mais nous croyons qu'il suffit que la vente soit faite *per aversionem*, pour que, dans tous les cas, le risque soit supporté par l'acheteur ; la vente est parfaite, et l'indication de quantité, quoiqu'elle nécessite ce mesurage afin de vérifier l'assertion du vendeur, ne peut rien changer à la question des risques. Les textes sur lesquels Mühlenbruch fonde cette distinction ne disent pas d'ailleurs que le vendeur soit tenu des risques ; ils disent seulement qu'il est tenu de la quantité qu'il a énoncée, qu'il est garant de son assertion. Il n'en est donc pas tenu à titre de risque, mais comme d'une chose qu'il a promise. Si la loi 13, § 14, établit une modification au principe que le vendeur est tenu de ses assertions, lorsqu'elles portent sur des conditions et qualités de la chose que l'acheteur peut ignorer, c'est que l'équité a établi une espèce de compensation au profit du vendeur de bonne foi, entre le nombre de mesures que le fonds ne contenait pas lors de la vente, et celles qu'il a gagnées par l'effet de l'allu-vion.

Nous ne résoudrons pas aussi facilement la difficulté que soulève l'explication de la loi 6, *de actionibus empti et venditi*. Cette loi est ainsi conçue : *Tenetur ex empto venditor, etiamsi agnoverit minorem fundi modum esse.* Il s'agit de la vente d'un fonds avec indication de contenance, et la loi signifie que le vendeur qui a indiqué la contenance du fonds est tenu de l'action *ex empto*, alors même qu'il connaissait que le fonds fût d'une contenance moindre que celle qui a été déclarée. Comme, dans tous les cas, le vendeur est garant de la contenance déclarée, et, à plus forte raison, lorsqu'il est de mauvaise foi, la loi semble, telle qu'elle est, ne rien signifier ; aussi quelques interprètes avaient proposé de remplacer *agnoverit* par *ignoraverit*, et alors la loi aurait signifié : alors même que le vendeur eût ignoré la contenance. Mühlenbruch l'explique sans changer de mot, en disant que, dans l'espèce, l'indication de la contenance véritable était une condition de la vente. Alors la loi signifie que l'acheteur seul peut, dans l'espèce, se départir de la vente, tandis que le vendeur est tenu d'exécuter ses engagements, et pourra être forcé de diminuer son prix, si le mesurage fait reconnaître une contenance moindre que celle qui a été déclarée.

Si la contenance réelle dépassait celle qui est indiquée par le contrat, le vendeur n'aurait point droit à une augmentation de prix proportionnée à l'excédant. Lorsque, en effet, le vendeur énonce une contenance, c'est lui seul qui promet et s'engage relativement à cet énoncé, et l'acheteur, ne contractant aucun engagement, ne peut être obligé à payer au delà du prix convenu. C'est ce que décide la loi 38, Dig., *de actionibus empti* : un esclave a été vendu avec son pécule, que le maître a assuré être de 10 ; si ce pécule est plus fort, le tout devra être livré au même prix. La loi 45, Dig., *de evictionibus*, renferme une décision plus étonnante encore : un champ a été vendu, dont la contenance dépassait celle indiquée au contrat ; il y a éviction pour partie ; lors même que l'acheteur conserverait la contenance indiquée, il aurait droit à une demande en dommages-intérêts. Cependant, si dans la vente de deux fonds il y a excédant pour l'un et déficit pour l'autre, la loi 42, Dig., *de actionibus empti*, décide qu'il peut y avoir compensation.

Il ne faut pas confondre la vente à l'essai, *ad comprobationem*, avec la vente conditionnelle. La clause de vente à l'essai a tantôt le caractère suspensif, tantôt le caractère résolutoire, et, dans le premier cas, la condition est en même temps purement potestative de la part de l'acheteur, c'est-à-dire que, tandis que le vendeur sera obligé, l'acheteur ne le sera nullement. Aussi faudra-t-il toujours ajouter un terme à cette clause, autrement le vendeur serait perpétuellement obligé. Nous en avons un exemple au § 4 des Institutes, *de emptione-venditione : Emptio tam sub conditione quam pure contrahi potest : sub conditione, veluti si Stichus intra certum diem tibi placuerit, erit tibi emptus tot aureis.* Évidemment, dans ce cas-là, la chose sera aux risques et périls du vendeur, puisque l'acheteur ne sera obligé de payer le prix que lorsqu'il aura donné son approbation. Il en sera autrement lorsque la vente à l'essai aura revêtu le caractère d'une vente sous condition résolutoire. Dans ce cas, en effet, la vente sera parfaite ; mais l'acheteur a stipulé que si la chose lui déplaît, la vente serait comme non avenue, comme le dit la loi 3, Dig., *de contrahenda emptione: Ut si emptori displicuisset, inempta esset.* Par conséquent, la chose sera aux risques et périls de l'acheteur ; la chose étant périe, la vente ne pourra plus se résou-

dre, et, par suite, l'acheteur ne pourra plus réclamer
son prix. Mais le risque de la détérioration sera supporté par le vendeur, car, tant que la chose existera, la
vente pourra être résolue. Cependant, pour que le
vendeur ne soit pas perpétuellement obligé à reprendre sa chose, on devra fixer un délai ; si on ne l'avait
pas fixé, la loi 31, § 22, Dig., *de ædilitio edicto*, nous
apprend que le délai était de soixante jours utiles,
terme de droit commun.

Il y a certaines choses qui se vendent à la charge
de les goûter, comme le vin, l'huile, etc. Il ne faut pas
confondre cette clause, que l'on appelle *ad gustum*,
avec les modalités que nous venons d'examiner. Ces
ventes sont encore moins parfaites du côté de l'acheteur, jusqu'à ce que les choses vendues aient été goû-
tées, qu'? ne le sont les ventes des choses qui se me-
surent, jusqu'à ce que celles-ci aient été mesurées ;
« ; dans ces dernières, il ne dépend plus de l'acheteur que la vente n'ait pas lieu, et, comme le dit la
loi 34, §5., Dig., *de contrahenda emptione : Alia causa
degustandi, alia metiendi ; gustus ad hoc proficit, ut
improbare liceat.* Par conséquent, les risques seront
supportés par le vendeur, à moins de convention
contraire.

Tout ceci ne s'applique cependant qu'au cas où les
choses vendues ne sont pas encore devenues des
choses certaines : car si le mesurage ou les conditions
de la vente en avaient fait des *species*, par exemple si
c'était d'un baril déterminé ou d'une vente *per aversionem* qu'il s'agit, la clause *ad gustum* aura pour effet

de mettre les risques de la détérioration à la charge du vendeur, et les risques de la perte totale à la charge de l'acheteur.

Cette solution ne se trouve pas précisément dans les textes, mais elle nous semble ressortir clairement de la loi 4, § 1, Dig., *de periculo et commodo rei vendilæ*. Cette loi est ainsi conçue : *Si aversione vinum venit, custodia tantum præstanda est: ex hoc apparet, si non ita vinum venit ut degustaretur, neque acorem, neque mucorem, venditorem præstare debere, sed omne periculum ad emptorem pertinere.* Ainsi d'après ce texte et les lois 1, 4, 15, au même titre, nous voyons que, de même que dans la vente de toute autre *species*, sous la clause *ut degustaretur*, les risques sont entièrement pour l'acheteur. Mais nous devons ajouter, avec Ulpien, qu'il est bien difficile d'acheter du vin sans le goûter; par suite, ce qu'il vient de dire ne s'appliquera guère : *Quare*, ajoute la loi 4, § 1, *si dies degustationis adjectus non erit, quandoque degustare emptor poterit, et quoad degustaverit, periculum acoris et mucoris ad venditorem pertinebit : dies enim degustationi præstitutus meliorem conditionem emptoris facit.* Ne devons-nous pas conclure de là que les risques de la perte seront pour l'acheteur, bien que le texte ne s'occupe que des risques de la détérioration? Glück cependant croit qu'il faut admettre que, lorsqu'il y aura clause de dégustation, le vendeur sera chargé de tous les risques. Cette opinion est manifestement contraire aux textes et aux principes. En effet, selon nous, dans une vente de vin *per aversionem*, l'acheteur, par la clause de dégustation,

— 58 —

met à sa charge les risques et périls du vin, tandis que le vendeur supportera les risques de la détérioration, *acor* et *mucor*. Il s'agit ici d'une vente parfaite ; la chose est certaine, le prix est certain, et de plus il y a consentement. La clause de dégustation n'a donc qu'un seul effet, de faire déroger à la règle générale des risques et périls qui sont pour l'acheteur, en en faisant supporter une partie au vendeur. C'est un effet résolutoire analogue à celui de la loi 3, Dig., *de contr. empt.* La clause laisse simplement à l'acheteur la faculté de résoudre le contrat, *si la chose lui déplaît.*

Nous voyons que ce n'est que jusqu'à la dégustation que le vendeur supporte les risques de détérioration, et qu'après la dégustation, c'est l'acheteur qui les supportera tous. Il faut excepter le cas où le vendeur aurait sommé l'acheteur de goûter les choses vendues et celui où il y aurait un terme fixé ; s'il n'y avait aucun délai fixé, l'acheteur pourrait le faire quand il le voudra. Si, dans les délais fixés, la dégustation n'est pas faite, la vente sera censée résolue, et le vendeur, suivant nous, pourrait revendre sa marchandise. S'il y a un terme fixé, le vendeur devrait attendre, pour sommer l'acheteur d'exécuter la clause, l'arrivée du terme, et c'est pourquoi la loi 4, § 1, dit qu'il sera plus avantageux pour l'acheteur qu'il y ait un délai fixé pour faire la dégustation. On conçoit, en effet, que le terme, à des époques où le vin est susceptible de se corrompre, sera une clause favorable à l'acheteur. Dans la loi 4 pr., Ulpien se demande si l'on devrait considérer la vente comme résolue, ou si le vendeur continuerait à supporter les risques de la détérioration après l'arrivée du terme, dans le cas où la dégustation n'aurait pu avoir lieu au jour fixé par la faute du vendeur. Sa réponse est une confirmation de la théorie que nous venons d'exposer; il déclare que, dans le doute, la vente existe toujours, et que les risques demeureront à la charge du vendeur, qui ne doit imputer qu'à lui-même la prolongation de cette responsabilité.

Pothier nous indique une nouvelle difficulté : « Observez, dit-il, qu'il faut distinguer si l'acheteur a stipulé qu'il goûterait la marchandise pour savoir si elle est à son goût, ou seulement si elle est bonne, loyale, marchande et non gâtée. » Nous avons à nous demander si, en l'absence de toute stipulation de cette espèce, l'acheteur a le droit de résoudre la vente à sa fantaisie, ou s'il est obligé de s'en rapporter à l'avis d'un tiers, *ad arbitrium boni viri;* en un mot, la question est de savoir si la condition résolutoire de dégustation est en même temps potestative ou non de la part de l'acheteur. Pour nous, nous croyons qu'en l'absence de toute stipulation, l'acheteur sera libre de refuser, comme il l'entendra, l'exécution de la vente après la dégustation. Dans la vente, en effet, il n'est pas nécessaire que les deux parties soient obligées en même temps ; nous en avons cité récemment un exemple tiré du § 4 du titre de la vente, aux Inst., lorsque nous avons parlé de la vente à l'essai. Dans cette espèce, nous avons vu que l'acheteur n'était pas obligé parce que son obligation dépendait d'une condition purement potestative, et la vente qui se contracte ainsi n'en est pas moins obligatoire pour le vendeur. Les textes ne font aucune mention de cet *arbitrium boni viri* que l'on voudrait imposer à l'acheteur. Ce serait, du reste, contraire au texte même de la loi 34, § 5, Dig., *de contr. empt.*, qui dit formellement : *Gustus enim ad hoc proficit, ut improbare liceat ; mensura vero non eo proficit ut aut plus aut minus veneat, sed ut appareat quantum ematur.* Ce texte, qui traite de la différence entre la vente à la mesure et la vente *ad gustum*, montre donc bien que la seconde est parfaite, tandis que la première ne l'est pas, faute de détermination de la chose vendue.

Ainsi, en résumé, la vente à l'essai sous forme résolutoire et la vente *ad gustum* sont identiques et produisent les mêmes résultats. Dans ces deux espèces, la vente est parfaite ; par suite, le risque de la chose même est supporté par l'acheteur ; mais, pendant tout le temps que la résolution peut être demandée par l'acheteur, le vendeur devra naturellement supporter les risques de la détérioration.

Nous savons, d'après la loi 2, au Code, *de rescindenda venditione*, que lorsqu'une chose a été vendue à vil prix, c'est-à-dire avec lésion d'outre-moitié, l'acheteur doit rendre la chose, ou, s'il le préfère, payer un supplément de prix équivalent au surplus de la valeur de la chose ; si la chose vient à périr chez l'acheteur, le risque et péril sera supporté par le vendeur, qui est devenu créancier de la chose vendue seulement, et non pas du supplément de prix. C'est en effet une obligation facultative ; dans cette obligation, il n'y a qu'une chose obligée ; l'autre est *in facultate solutionis ;* par conséquent, si la chose *in obligatione* est un corps certain et qu'elle soit périe fortuitement, le débiteur est libéré : dans cette obligation, ce sera toujours le créancier qui supportera les risques. Dans notre espèce, la faculté de parfaire le prix n'est pas *in obligatione;* l'acheteur est donc libéré par l'application du principe : *Impossibilium nulla est obligatio.*

Lorsqu'un acheteur voit périr chez lui une chose affectée d'un vice rédhibitoire, il a néanmoins le droit de réclamer la restitution du prix au moyen des actions rédhibitoires, et il ne porte pas les risques. S'il était en faute, il ne les supportera que particiellement, en ce sens que la valeur de la chose telle qu'elle était eu égard au vice dont elle était affectée, viendra en déduction.

§ II.

Du louage.

Dans ce paragraphe, nous aurons à nous occuper des risques et périls dans trois espèces de contrats de louage : 1° dans le contrat de louage de choses, *locatio rerum;* 2° dans le contrat de louage de travail, *locatio operarum;* 3° dans le contrat de louage d'ouvrage, *conductio operis.* Nous traiterons ensuite des risques et périls dans les louages irréguliers, tels que la *locatio partiara* et le louage de transport de la loi 31, Dig., *locati conducti.*

I. Dans le contrat de louage de choses, lorsque la chose périt fortuitement, le locataire n'est pas obligé de la restituer, car il est débiteur d'une *species* ; il n'en doit pas non plus d'indemnité au bailleur : *Casus a nemine præstantur*, a dit Justinien dans ses Institutes (liv. III, 24, § 5), au titre du louage.

Par le même motif, le bailleur, de son côté, ne doit rien au locataire pour les meubles que celui-ci pourrait avoir introduits dans la chose louée, ni pour les impenses qu'il pourrait avoir faites en vue de l'exploitation.

Mais, lorsque la chose louée est périe, le bailleur a-t-il encore le droit de percevoir le loyer, au moins pendant le temps que devait durer le bail, de même que, dans la vente, le vendeur peut réclamer le prix après la perte de la chose ?

Nous avons déjà parlé, à plusieurs reprises, de cette prétendue différence entre les principes appliqués à ces deux contrats, et nous croyons avoir suffisamment démontré que cette apparente contradiction venait de ce que l'on avait voulu voir entre eux une analogie parfaite, tandis que le louage n'est, en réalité, analogue qu'à la vente d'une chose future.

Aussi les lois romaines décident-elles que, par la perte de l   se louée, le contrat de louage est dissous ; que le locataire, dès le moment de cette perte, ne doit plus rien au bailleur, et que, s'il a payé par avance, il a le droit de répéter tout ce qui n'était pas échu au moment de la perte ; de même qu'en matière de vente d'une chose future, le prix de cette chose ne serait dû qu'autant que cette chose a existé.

Ce sont ces considérations sur la nature du contrat de louage qui servent de fondement à toutes les dé-

cisions sur les risques et périls, et expliquent aussi
pourquoi, en cas de sinistre, le fermier a droit à une
réduction de la *merces*.

Il ne faut donc pas croire que cette réduction de
fermage soit une concession due à l'équité; elle dérive directement de la nature du contrat, de ce que
le louage n'est que la vente de l'usage ou des fruits
d'une chose, sans concéder aucun droit réel sur la
chose même. Les principes sur les risques et périls
sont donc les mêmes dans la vente et dans le louage
de choses; mais ils s'appliquent au louage comme à
la vente d'une chose future.

C'est à cette apparence d'équité qui, dans le contrat de louage, fait supporter les risques et périls à
chacun des contractants proportionnellement à l'utilité qu'ils ont retirée du contrat, qu'est dû le reproche
d'iniquité fait par quelques commentateurs aux principes admis en matière de vente: ce qui leur a fait
dire que ces derniers étaient exceptionnels et en dehors du droit commun.

Ainsi donc, lorsque le bailleur ne peut prester l'u-
sage à cause d'un événement qui ne lui est point imputable, le contrat est résilié, sans que le preneur ait
droit à une indemnité: c'est une application du principe: *Impossibilium nulla est obligatio*. Alors le
preneur ne devra point le loyer, qui n'est réellement
dû qu'à condition que l'usage ait eu lieu. Si le bail
a reçu un commencement d'exécution, le preneur devra le loyer jusqu'au moment où il aura pu jouir. Le
même principe devait nécessairement conduire à un
réduction du fermage, lorsque, par l'effet d'un évé-

nement fortuit et extraordinaire, les terres affermées n'ont pas procuré la jouissance à laquelle le preneur devait s'attendre, pourvu cependant que le dommage soit assez considérable et qu'il n'ait pu être prévu au moment du contrat. Il faut enfin qu'il ait atteint les fruits avant qu'ils aient été perçus ; car, une fois perçus, l'obligation du bailleur est accomplie.

En résumé, il est de la nature du contrat de louage que la *merces* ne soit due qu'autant que le preneur ait pu jouir de la chose comme il devait s'y attendre, suivant l'état apparent de cette chose au moment du contrat. Si, par un événement fortuit et extraordinaire, la jouissance de la chose se trouve diminuée, la réduction doit avoir lieu ; par conséquent, nous répétons que c'est là une conséquence naturelle et directe du contrat, et non point un tempérament introduit par l'équité.

Mais quels seront ces dommages fortuits et extraordinaires qui devront donner lieu à la réduction du fermage? La loi 15, § 2, Dig., *locati conducti*, contient la réponse. Elle désigne trois espèces de dommages :

1º Celui qui est à la fois inévitable et imprévu, par exemple le dommage causé par les inondations, par des bandes de corneilles moissonneuses, d'étourneaux, par l'invasion d'une armée ennemie, le feu du ciel, l'incendie. Ces événements sont tellement inévitables, qu'il est impossible de les faire supporter au fermier. Notre loi les met donc à la charge du propriétaire.

2º Celui qui est inévitable, mais que l'on a pu

prévoir. Après avoir énuméré les dommages dont nous venons de parler, la loi semble leur assigner encore une autre qualification que celle d'inévitables : ils sont en même temps extraordinaires et insolites ; ils ne peuvent donc entrer dans les prévisions des parties, car il y a d'autres dommages qui sont aussi fortuits et inévitables, mais non extraordinaires. Ces dommages naissent de la chose même, *ex re ipsa*, dit la loi. Ceux-ci, ayant leur cause renfermée dans la chose même, seront supportés par le fermier : *Si quæ tamen vitia ex ipsa re oriantur, hæc damno coloni esse : veluti si vinum coacuerit, si raucis aut herbis segetes corruptæ sint.* En effet, le raisin est plus ou moins exposé à s'aigrir, suivant l'endroit où sont plantées les vignes ; les vers sont plus ou moins nombreux, suivant la nature du terrain ; le défaut de culture peut même contribuer à développer les causes de dommage. Le fermier devait s'attendre à ces pertes ; il devait, en conséquence, déterminer la *merces ;* car il est impossible de les considérer comme produites par des causes extraordinaires, et de les compter parmi celles auxquelles les parties n'avaient pas songé. Il serait donc contraire à la loi du contrat de les faire supporter par le locateur.

3º Le dommage dont la cause est ordinaire, c'est-à-dire prévue par les parties, mais dont les effets ont été extraordinaires. Si, continue la loi 15, § 2, les plantes se sont fanées, et que tous les fruits soient perdus (*si labes facta sit, omnemque fructum tulerit*), le dommage ne sera plus pour le fermier ; il ne devra pas, après la perte des semailles, payer encore la mer-

ces. Il en serait de même si les fruits ont péri par des
chaleurs excessives ou des froids extraordinaires. Mais,
s'il n'est survenu rien d'extraordinaire, le dommage
sera pour le fermier.

De tout ce que nous venons de voir il résulte qu'il
faut, pour qu'il y ait lieu à une réduction de la *merces*,
que le dommage ait été à la fois extraordinaire et
imprévu, soit quant à la cause, soit quant à l'étendue.
Cette première condition ne suffit pas, il faut que
deux autres conditions s'y réunissent.

La première est que le dommage soit arrivé aux
fruits de la terre avant leur perception. Dès lors, en
effet, que les fruits ont été perçus, l'obligation du
locateur est accomplie, et la *merces* est due ; il serait
aussi injuste de faire supporter au locateur les risques
des fruits que de faire supporter au preneur le risque de la *merces* qu'il a payée. Ainsi donc, dès que
les fruits seront perçus, c'est-à-dire lorsqu'ils auront
été détachés du sol par le fermier ou en son nom, ils
sont aux risques du fermier.

En second lieu, le dommage doit être assez considérable pour nécessiter une réduction. Un dommage
ordinaire et modique ne donnerait point au fermier le
droit de se plaindre ; outre que ce dommage n'était
point en dehors des prévisions des parties, l'équité
ordonne en quelque sorte au fermier de les supporter,
puisqu'en cas de gain extraordinaire, il ne lui est rien
enlevé : *Modicum damnum æquo animo ferre debet
colonus, cui immodicum lucrum non aufertur.* Quant
au point de savoir si le dommage a cessé d'être modique, il est laissé à l'appréciation du juge ; la loi

romaine ne l'a pas déterminé. Les canonistes ont appliqué au louage les principes de lésion en matière de vente; il faut que la perte soit au moins de la moitié des fruits que l'on récolte ordinairement.

Il faut remarquer en outre que, si le bail est de plusieurs années, les années d'abondance pourront se compenser avec les années de stérilité, suivant certaines règles établies par la loi 15, § 4, Dig., *locati conducti*.

En résumé, il y a lieu à réduction de la *merces* pour le fermier : 1° lorsque la perte est fortuite et extraordinaire; 2° lorsqu'elle est considérable; 3° lorsqu'elle frappe les fruits qui n'étaient pas encore perçus; 4° lorsque la perte n'est pas compensée par l'abondance des années précédentes ou suivantes; 5° lorsque le preneur n'a pas assumé sur lui tous les risques et périls, comme l'y autorisent les textes.

Bien entendu, d'après les règles établies dans notre Chapitre Ier pour la preuve en matière de risques, ce sera au preneur, qui ne pourra restituer la chose, à prouver le cas fortuit qu'il allègue. Il devra prouver, si c'est par le fait d'une personne que la chose a péri, que cette perte ne lui est pas imputable; et, lors même que la personne aurait été introduite chez lui par lui-même, il n'en serait responsable qu'autant qu'il y aurait faute de sa part à l'y avoir introduite : *Si culpam in inducendis admittit quod tales habuerit, vel suos, vel hospites*, dit la loi 11 pr., Dig., *locati conducti*. Ce serait alors au locateur à fournir la preuve qu'il y avait faute de la part du preneur.

Le preneur, malgré le cas fortuit, serait respon-

sable de la perte, s'il avait violé la loi du contrat , s'il
a employé la chose à un usage autre que celui auquel
elle était destinée, par exemple si le feu a pris à des
greniers dans lesquels il avait été défendu de mettre
du foin. (Loi 11, § 4, Dig., *locati conducti*.)

II. La *locatio operarum*, en ce qui concerne les risques et périls, est régie par les mêmes principes que
la *locatio rerum*.

Dans la *locatio operarum*, il s'agit d'une personne
qui promet de prester pour un certain temps un travail personnel et indéterminé. Lorsque ce *locator operarum* met ses services à prix, il ne promet qu'une
chose future ; par conséquent, s'il ne peut les prester
sans qu'il y ait de sa faute, le contrat manque d'objet
et se résout nécessairement. Ainsi, lorsqu'un ouvrier
est mis, par un événement fortuit, dans l'impossibilité d'exécuter le travail qu'il avait promis, on ne
pourra lui demander des dommages-intérêts ; mais,
de son côté, il n'aura pas le droit d'exiger le prix de
son travail, et devra le rendre, s'il l'a déjà reçu ; car
la chose future, qui faisait l'objet du contrat, ne s'est
pas réalisée. Si les travaux ont été exécutés en partie
avant l'événement qui les a rendus impossibles, le
prix sera dû pour cette exécution partielle, mais non
pour ceux qui sont encore à faire. Nous voyons que
les choses se passent absolument comme dans la *locatio rerum*.

Mais si le *locator operarum* n'a pas été empêché
de prester les travaux, et que le *conductor* a été empêché de les recevoir, à cause d'un événement personnel, la *merces* sera due. En effet, le *locator* est cer-

tainement libéré, et les lois décident que le *conductor*
devra payer les travaux non prestés, quoiqu'ils soient
une chose future, et qu'en cette qualité ils soient la
condition du payement du salaire. Mais une condition est censée accomplie toutes les fois que son événement a été empêché par celui que son accomplissement devait obliger. En conséquence, les lois 19,
§ 9, et 38, Dig., *locati conducti*, déclarent le maître, *conductor operarum*, obligé toutes les fois que l'ouvrier
n'est pas personnellement empêché d'exécuter les
travaux : *Qui operas suas locavit, totius temporis
mercedem accipere debet, si per eum non stetit quominus operas præstet*. Mais la loi 19, § 9, ajoute un
tempérament à cette décision rigoureuse, en déclarant que le *locator* devra souffrir que l'on déduise
de son salaire tout ce qu'il aura pu gagner ailleurs
pendant le temps pour lequel il avait promis ses services au *conductor*.

Cette rigueur de la décision, qui force le maître à
payer les travaux quoique non prestés, s'explique encore par un autre motif, par la considération que la
locatio operarum suppose un ouvrage indéterminé,
une pure prestation de service que le maître n'est
jamais dans l'impossibilité de recevoir, comme s'il
s'agissait d'une œuvre déterminée, comme nous le
verrons bientôt en étudiant les risques et périls dans
la *conductio operis*.

En résumé, nous sommes arrivés aux résultats suivants :

1° Si, par sa faute, le *locator operarum* ne peut
prester les travaux promis, il devra une indemnité ;

2º S'il n'y a pas de sa faute dans l'événement qui l'empêche de les prester, le contrat est résolu ; si néanmoins ils étaient commencés, il aurait droit à une partie proportionnelle de la *merces* ;

3º Si c'est par la faute du *conductor* ou par un événement survenu à ce dernier que les travaux ne peuvent s'exécuter, la *merces* est due au *locator* ; mais il doit porter en déduction ce qu'il a pu gagner ailleurs.

III. D'après la définition de la loi 5, § 1, Dig., *de verborum signif.*, la *conductio operis* suppose une œuvre à exécuter sur un corps déterminé, ou une œuvre déterminée (*ex opere facto corpus aliquod perfectum*). C'est une œuvre considérée dans son ensemble ; peu importe que le prix soit convenu pour le tout, par journées ou par pieds ; il suffit qu'il y ait une œuvre déterminée à faire pour qu'il y ait *conductio operis*. A la différence de la *locatio operarum*, où il s'agit de travaux indéterminés mais personnels, la *conductio operis* permet au *conductor operis* de se faire remplacer, à moins de convention contraire : aussi ce contrat ne se résout-il pas lorsque le *conductor* est personnellement empêché d'exécuter l'œuvre. Mais, comme dans la *conductio operis*, on suppose nécessairement que le travail s'exécute sur la propriété ou sur la matière fournie par celui qui l'a commandée, il s'ensuit que l'exécution peut devenir impossible par un événement qui frappe ce dernier ; tandis que, dans la *locatio operarum*, le travail ne devient réellement impossible que lorsque le *locator operarum* est personnellement atteint.

Il faut bien se garder de confondre le contrat de *conductio operis* avec le contrat dans lequel l'entrepreneur fournit la matière première sur laquelle il s'engage à travailler. C'est surtout à cause des risques et périls qu'il importe de les distinguer l'un de l'autre. Si cependant les matières fournies par le *conductor* n'étaient qu'accessoires, et que leur emploi les incorporât, par droit d'accession, à l'objet principal fourni par le *locator*, le contrat serait toujours une *conductio operis* : par exemple, si je faisais marché avec un entrepreneur pour me construire une maison sur mon terrain avec des matériaux qu'il me fournira ; à mesure que le bâtiment s'élèvera, ces matériaux deviendront ma propriété, suivant la règle *Ædificium solo cedit.*

Nous avons dit que ces deux contrats différaient beaucoup au point de vue des risques. En effet, le second, sur la nature duquel les anciens jurisconsultes n'étaient pas d'accord, n'est qu'une vente ayant pour objet une chose future. Si je conviens avec un architecte qu'il me bâtira, sur son terrain, une maison dont il me mettra en possession pour un certain prix, cette convention est une vente que l'architecte me fait de cette maison lorsqu'elle sera bâtie ; c'est donc une vente d'une chose future, qui ne peut être parfaite qu'autant que cette chose existera. Il n'y a donc rien qui puisse être au risque de l'acheteur jusqu'à ce que la maison soit achevée ; tant qu'elle ne l'est pas, la construction, à mesure qu'elle s'élève, est aux risques de l'architecte, qui ne peut en recevoir le prix qu'autant que l'œuvre a été accomplie et offerte à celui qui l'a commandée.

Il en est tout autrement de la *conductio operis*, quant aux risques et périls. Dans ce contrat, l'œuvre ne s'exécute pas aux risques de l'entrepreneur, mais aux risques du propriétaire. Ainsi, dans l'espèce de de la loi 59, Dig., *locati*, on suppose une œuvre en cours d'exécution détruite par un tremblement de terre; les risques seront pour le *locator*, qui devra payer la *merces* convenue à proportion du travail qui avait été fait; car, dans tout contrat de louage, le prix est dû à mesure que l'ouvrage, les travaux ou l'usage ont été prestés. Mais l'entrepreneur est tenu de toute faute : en cas de perte, il ne pourra donc exciper contre le *locator* que de l'approbation donnée à l'œuvre, ou du mesurage, s'il s'agit d'ouvrages faits à la mesure, ou de la demeure dans laquelle il a constitué le propriétaire à l'effet d'examiner l'œuvre ou de procéder au mesurage; enfin il peut encore exciper du cas fortuit.

Mais alors tous ces faits devront être prouvés par lui, si l'œuvre vient à périr; car l'approbation du maître ou le hasard pourront seuls le libérer, puisqu'il a implicitement renfermé dans son engagement l'obligation d'apporter tous ses soins à l'œuvre. Ainsi donc, si une construction vient à périr avant qu'elle ait été achevée, ou même si le contrat a été fait *aversione*, c'est-à-dire pour tout l'ouvrage, après son achèvement, mais avant qu'il ait été reçu, la ruine sera censée venir par le défaut de l'ouvrage, et l'ou-

vrier ne pourrait demander le prix, à moins qu'il ne
prouvât le cas fortuit ou la bonne qualité des travaux.
C'est en ce sens qu'il faut entendre la loi 36, D., *locati
conducti*, lorsqu'elle dit: *Opus quod aversione locatum
est, donec adprobetur, conductoris periculum est.* Si
le marché avait été fait à la mesure, l'ouvrier aurait le
droit de se faire payer en faisant apprécier son ouvrage
à mesure qu'il l'avance. Dès que ce qu'il aura fait
sera reçu, il cessera pour cette partie, non pas
d'être à ses risques, comme le dit Pothier, mais
d'avoir à prouver la bonne qualité des travaux, comme
dans le cas précédent, où le marché étant fait *aversione*, l'entrepreneur ne peut faire recevoir l'ouvrage
avant qu'il soit achevé. Aussi la loi 36 ajoute-t-elle :
*Quod vero ita conductum sit, ut in pedes mensurasve
præstetur, catenus periculo conductoris est quatenus
admensum non sit.* Nous avons dit que, dans cette loi,
il ne s'agissait pas, à proprement parler, des risques et
périls pour le *conductor*. En effet, ici l'entrepreneur
ne supporte pas le cas fortuit; car la loi ajoute : *Si
tamen vi majore opus prius interciderit quam adpro-
baretur, locatoris periculo est.* Evidemment cette loi
veut dire que l'entrepreneur est tenu de toute faute.
Aussi, selon nous, Pothier a-t-il tort de dire que,
quand le marché est fait *aversione*, le travail est aux
risques de l'entrepreneur jusqu'à ce qu'il soit achevé
et reçu, et que, quand le marché est fait à la toise, le
travail cesse d'être à ses risques pour ce qui a été
toisé et reçu. Pothier confond ici le *periculum casus*
avec le *periculum culpæ*; et si l'on se rappelle l'interprétation que nous avons donnée de ces mots dans

notre chapitre premier, on verra qu'il ne s'agit que du *periculum culpæ*.

En cas de ruine des constructions, la question est donc de savoir si les constructions qui ont été faites étaient telles, que le maître dût les approuver, en un mot, s'il y avait faute ou non. *Si priusquam locatori opus probaretur vi aliqua consumptum est, detrimentum ad locatorem ita pertinet, si tale opus fuit, ut probari deberet*, dit la loi 37. Mais, dans ce cas, il est évident que ce serait au locateur qui refuse de payer le prix à justifier que l'ouvrage qui est péri par l'événement fortuit était un ouvrage défectueux et non recevable.

Enfin la loi 62, *h. t.*, décide aussi que l'entrepreneur n'est responsable que du vice de l'œuvre, et non du cas fortuit, de la force majeure, ni des vices du sol. Nous voyons que tout cela est parfaitement conforme au principe de l'imputabilité. Du moment que le *conductor* a exécuté l'obligation qu'il avait prise d'exécuter l'œuvre avec les soins d'un homme diligent, le reste ne le regarde pas ; le *locator* a commandé l'œuvre sur un terrain dont il connaissait les vices; s'il en existe, il ne peut donc imputer à l'entrepreneur un événement qu'il eût dû subir, s'il eût fait les constructions lui-même : *Non enim amplius*, dit la loi 36, *in fine, præstari locatori oporteat, quam quod sua cura atque opera consecutus esset*.

La loi 51, Dig., *locati conducti*, ajoute même que le *conductor* ne serait pas tenu de la bonté de l'œuvre considérée dans son ensemble, si le *locator* lui-même a voulu diriger les travaux : *Poterit itaque ex locato cum eo agi qui vitiosum opus fecerit; nisi ideo in singulas operas merces constituta erit ut arbitrio domini opus efficeretur. Tum enim nihil conductor præstare domino de bonitate operis videtur.*

Telles sont les explications que nous avons cru devoir donner, en entrant dans l'examen analytique des lois, pour montrer qu'elles dérivent bien toutes du même principe, de l'imputabilité, tandis que les interprètes font sur ces lois des foules de distinctions qui, d'après Mühlenbruch, ne font qu'obscurcir la matière : *At vero impediunt magis rem quam expediunt, quæ apud plerosque leguntur distinctiones.*

En résumé donc, l'œuvre s'exécute aux risques et périls du *locator;* mais le *conductor* est tenu de la faute qui s'étend jusqu'au cas fortuit; en cas d'événement, il doit prouver le cas fortuit, si le maître n'avait déjà approuvé l'œuvre ou n'avait été en demeure de l'approuver. S'il y avait cas fortuit évident, ce serait au *locator* à prouver la mauvaise qualité de l'œuvre. Aussi la loi 36 ne laisse-t-elle au *conductor* que le *periculum culpæ*, et attribue-t-elle au *locator* le péril du cas fortuit, si l'œuvre était de nature à être approuvée, comme le dit la loi 37.

IV. La *locatio partiaria* est un louage d'usage dans lequel la *merces* consiste dans une part des fruits que le fermier paye au propriétaire. Par sa nature seule, ce contrat ne pouvait suivre les règles ordinaires du louage en matière de risques et périls. Cependant, si la *merces* en fruits est une quantité fixe, ce sera un véritable louage; mais, si la quantité de fruits à payer est une quotité, comme le tiers, la moitié de la récolte, la réduction dont nous avons parlé ci-dessus dans le louage de choses s'opérera d'elle-même, toutes les pertes et tous les profits étant communs au locateur et au preneur, comme le dit la loi 25, § 6.

La loi 31 nous parle d'un louage de transport irrégulier, dans lequel l'entrepreneur du transport de choses fongibles devient propriétaire des choses qu'il a à transporter. La loi 60, § 8, nous apprend que l'entrepreneur de transport ordinaire ne peut rien réclamer au delà de la *merces* pour quelque accident que ce soit éprouvé dans le transport, mais qu'il ne répond pas des pertes fortuites qui peuvent frapper les marchandises pendant le trajet. La loi 31 décide de même, quoique l'entrepreneur soit devenu propriétaire et, par suite, débiteur *in genere* des marchandises à lui confiées. Le motif de cette décision est que l'entrepreneur ne devient propriétaire que pour la commodité du chargement.

Il y a encore une autre espèce de louage où le *conductor* acquiert la propriété de certaines choses, en devenant débiteur, non pas de ces choses, mais de leur estimation. Cette espèce de contrat de louage irrégulier intervient lorsque le propriétaire d'une ferme en abandonne au colon les bestiaux et l'*instrumentum fundi*, avec inventaire et estimation. Quelquefois on convenait que l'estimation n'emportait pas vente ; mais ce n'était qu'à condition de le stipuler spécialement, comme le dit la loi 3, Dig., *locati conducti*. Dans ce cas, à la différence du précédent, le *conductor*, devenu débiteur d'un *genus*, porte les risques et périls des choses qui lui ont été remises.

§ III.

De l'emphytéose.

Le bail emphytéotique est un contrat *sui generis*, qui, malgré sa ressemblance avec le louage, a pourtant ses caractères propres et ses effets particuliers, qui ont été définis par l'empereur Zénon, pour mettre fin aux contestations qui s'étaient soulevées au sujet de ce contrat.

Les jurisconsultes romains ont souvent agité la question de savoir si, pour ce qui concernait les effets non prévus dans le contrat même, on devait appliquer les règles du contrat de louage ou celles du contrat de vente. C'est surtout en cas d'accident, de perte fortuite ou de détérioration que la question présente le plus d'intérêt.

Si, en effet, nous appliquons ici les règles du louage, nous laissons au propriétaire toute la responsabilité des risques et des pertes, comme des détériorations ; car, en cas de perte ou de détérioration, le canon payé par l'emphytéote cesserait d'être dû ou serait réductible, de même que la *merces* dans le contrat de louage. Si, d'un autre côté, nous appliquons les règles de la vente, nous faisons retomber sur l'emphytéote tous les risques et périls ; car, malgré les accidents, il n'en serait pas moins tenu de payer la redevance annuelle.

Gaïus et ses contemporains considéraient déjà ce

contrat plutôt comme un louage que comme une vente : *magis locationem placuit esse* (Comm. III, § 145). Cette opinion, très-favorable à l'emphytéote, avait été contestée. Zénon (loi I, au Code *de jure emphyteutico*) décida, dans une constitution provoquée par la question des risques et périls, que le contrat emphytéotique ne devait être considéré ni comme un louage, ni comme une vente, mais comme un contrat ayant ses règles spéciales. En conséquence, il distingue, pour la question des risques et périls, entre la perte totale ou presque totale de la chose et les détériorations qui n'en changent ni la nature ni la substance.

Dans le premier cas, lorsque la chose périt fortuitement, le *dominus* et le colon sont libérés l'un envers l'autre ; le contrat est dissous ; la perte reste pour le propriétaire, et l'emphytéote ne payera plus le canon.

Mais si l'emphytéote, par suite d'événements majeurs et imprévus, fait des pertes très-considérables dans les récoltes et que la chose soit détériorée, il n'a droit à aucune remise, et porte, par conséquent, le risque et péril des détériorations. Mais cependant il ne les supporte pas complétement ; car, s'il perd la jouissance, le propriétaire perd une partie de la propriété. Ainsi, qu'une construction s'écroule par cas fortuit, il est bien vrai que l'emphytéote n'en payera pas moins le canon, mais il ne sera point tenu de faire la réparation, et par conséquent le propriétaire, qui n'est pas tenu de faire non plus la réparation, verra diminuer de valeur sa propriété.

Cette similitude et cette différence du bail emphytéotique avec le bail ordinaire, dans la question des
risques, s'expliquent très-simplement. L'emphytéote
acquiert sur le fonds un certain droit de propriété, sur
la nature duquel il est inutile de nous étendre. Le
canon est censé payé en reconnaissance de ce droit de
propriété; alors de là une double conséquence : si
la propriété n'existe plus, le payement de cette redevance n'a plus de raison d'être; et, d'autre part, tant
que la propriété existe en substance, les pertes éprouvées fortuitement dans les fruits, les détériorations de
la chose qui n'en altèrent pas la substance même, ne
donnent lieu à aucune remise du canon, parce qu'il
n'est payé ni à raison de l'usage, ni à raison des
fruits à percevoir, mais en reconnaissance de la propriété.

§ IV.

De la société.

Dans le contrat de société, la question des risques
et périls se résoudra d'après les principes applicables
en matière de vente, toutes les fois que c'est la propriété même qui doit être mise en commun. Ainsi,
lorsque l'associé doit apporter dans la société une
somme d'argent, la somme périt à ses risques et périls avant l'apport, parce qu'il est débiteur d'un genre.
Par conséquent, pour qu'il puisse devenir associé, il
devra néanmoins fournir la somme sans que son coas-,
socié soit tenu de prendre part à cette perte : *Nihil*

eo nomine consequeris, dit la loi 58, § 1, Dig., *pro socio.*

Mais, s'il doit apporter une chose déterminée, il ne répond pas de la perte fortuite, qui ne peut lui être imputée. Il conservera donc les droits résultant du contrat de société pour demander que ses coassociés fassent leur apport, et pour réclamer, à la dissolution de la société, une part des bénéfices.

Il en serait autrement, si l'associé avait dû seulement porter en commun l'usage de la chose ou même cette chose pour une fin déterminée : dans ce cas, sa participation aux droits d'associé étant subordonnée à la continuation de l'usage, la perte même fortuite de la chose fera cesser ses droits d'associé, et, par suite, la société sera dissoute à son égard ; car il s'agit d'une chose future, absolument comme dans le contrat de louage, dont on applique ici les principes. S'il avait presté l'usage de la chose pendant un certain temps, il aurait droit au partage des gains faits jusqu'à la perte de la chose.

Cette différence de principes nous amène naturellement à une importante question, celle de savoir si, lorsque les parties ne s'en sont pas formellement expliquées, la société a pour objet la chose elle-même ou son usage seulement. Cette question, dont dépend l'application de notre théorie des risques, se présente surtout lorsque l'un des associés apporte un capital et l'autre son industrie. Si c'est l'usage de la chose qui seul a été mis en commun, le droit de l'associé devient conditionnel, étant subordonné à une continuation de l'usage, qui est une chose future. Si la chose périt, la société sera dissoute; car celui dont la chose aura péri n'aura plus de mise ; tandis que si la propriété des choses a été mise en commun, la perte d'une de ces choses ne fait point tomber le contrat de société. Si l'une des choses périt, elle périt pour le compte de la société, et celle-ci subsiste par rapport aux choses qui restent.

C'est la loi 58, Dig., *pro socio*, qui nous fait connaître l'importance de cette distinction, en traitant la question suivante : si la mise d'un des associés périt, l'associé conserve-t-il son droit dans la société ? Celsus fait la distinction dont nous venons de parler : si la mise a été effectuée pour une fin déterminée ou pour l'usage, l'associé perd ses droits, et la société sera dissoute : si, par exemple, il avait été convenu que mon cheval serait réuni aux trois chevaux que vous avez, pour qu'ils fussent plus avantageusement vendus, à condition que je recevrais le quart du prix. Dans ce cas, si mon cheval périt, je serai bien libéré, mais mon associé le sera également envers moi ; il ne sera pas obligé de vendre ses trois chevaux et d'en partager le prix, car le but de la société était de vendre une *quadriga*, et, par la perte de l'un des chevaux, cela est devenu impossible. Si au contraire ces chevaux avaient été réunis pour que les associés eussent ensemble cet attelage, eussions-nous eu ou non l'intention de vendre, je demeurerais, après la mort de mon cheval, associé pour les trois autres : *Cæterum si id actum dicatur ut quadriga fieret, eaque communicaretur, tuque in ea tres partes haberes, ego quartam, non dubii adhuc socii sumus.*

6

Mais, quant à la première question que nous avons posée, de savoir ce qu'il faut admettre lorsque les parties ne se sont pas expliquées si la société avait pour objet l'usage ou la propriété des choses mises en commun, ni la loi 58, ni d'autres textes ne décident d'après quelles règles la distinction qui résout cette question doit se faire. Aussi les commentateurs sont-ils partagés.

Les uns, à la tête desquels se trouve Accurse, admettent que, dans le doute, c'est sur la propriété que doit porter l'apport : toute société ayant pour objet un profit commun, et la plus ou moins-value des apports constituant un profit ou une perte, il s'ensuit que dans la société, si une intention contraire n'est pas exprimée directement ou indirectement, il faut admettre que la chose même, c'est-à-dire la propriété, est devenue commune. Telles sont les raisons sur lesquelles ils se fondent.

D'autres soutiennent l'opinion contraire. Lorsque, disent-ils, l'un des associés a apporté son industrie, l'autre un capital ou des marchandises, l'industrie doit se comparer non pas au capital, mais à l'intérêt du capital. Le capital n'est fourni que pour qu'on puisse en retirer un profit commun, et il demeure aux risques et périls de celui qui l'a apporté.

Enfin une troisième opinion, enseignée par Grotius, et après lui par plusieurs commentateurs modernes, veut que l'on fasse dépendre des circonstances la question de savoir si c'est le capital ou les intérêts seulement de l'un des associés qu'on a comparés à l'industrie de l'autre, en ayant égard au rapport qu'il y a entre la valeur de l'industrie et celle du capital.

Pour nous, tout en reconnaissant avec Grotius que, dans la plupart des circonstances, la question est une question de fait, nous croyons cependant que, dans le doute, l'on doit décider pour la mise en commun de la propriété, parce que le bénéfice ou la perte que la société a pour objet comprend naturellement aussi la plus ou moins-value éventuelle des objets qui sont mis en commun. Ainsi évidemment, dans les lois 3, § 2, et 73, Dig., *pro socio*, où il s'agit d'hérédités, il ne viendra à l'esprit de personne de prétendre que les choses composant l'hérédité ne doivent être mises en commun que pour la jouissance seulement. Toutefois nous admettons que l'intention de ne mettre en commun que l'usage ou la jouissance peut résulter des faits et circonstances, du but que se sont proposé les associés, et même du rapprochement de l'importance des mises de chaque associé, eu égard à ce que vaut l'industrie d'un autre associé.

Nous pouvons donc résumer la question des risques et périls en matière de société dans les trois propositions suivantes, que la chose périsse avant ou après que l'apport est effectué :

1° S'il s'agit de choses déterminées mises en toute propriété dans la société, la perte sera pour la société, et celui qui a fait ou devait faire l'apport conservera ses droits dans la société. Si cependant la réalisation de l'apport présentait quelque incertitude, par suite d'une condition à laquelle elle est subordonnée, ou si la mise en société dépend encore de quelque événement, si la condition, si l'événement ne se réalisent pas, l'associé n'aura pas d'apport, et la société sera dissoute.

2° Si l'apport doit consister dans un *genus*, la perte sera pour l'associé tant que l'apport n'aura pas été effectué; par suite, si l'associé ne peut plus fournir sa mise, la société sera dissoute. Si la chose périt après avoir été mise en commun, la perte sera pour la société, qui subsistera tant que la perte de ces choses n'aura point rendu ses opérations impossibles.

3° Si la propriété de la *species* est restée à l'un des associés, et que l'usage seul doive profiter à la société, le résultat est le même, que la perte arrive après ou avant que la mise ait été effectuée : la perte de l'objet entraîne la dissolution de la société. L'associé supportera donc cette perte, puisqu'il perd ses droits à la société, étant débiteur d'une chose future qu'il ne peut plus prester. Si cependant la chose dont l' un des associés n'a apporté que l'usage était une de celles qui se consomment par l'usage, la société deviendrait propriétaire de cette chose. Par conséquent, elle deviendrait débitrice de cette chose envers l'associé, et supporterait les risques et périls, comme débitrice d'un *genus;* elle ne serait dissoute qu'autant que cette perte rendrait les opérations de la société impossibles.

Il nous reste à traiter une question en matière de société, analogue à celle que nous avons étudiée lorsque nous avons parlé du *Mandat.*

L'associé qui, en gérant une affaire de la société, essuie une perte fortuite, a-t-il un recours contre ses coassociés pour qu'ils prennent part à cette perte ?

Cette question, telle que nous la posons, est résolue d'une façon très-précise par la loi 52, § 4, Dig., *pro socio*, et par suite nous déciderons avec elle que l'associé peut se faire indemniser de ces pertes fortuites ; mais ce qui est plus difficile à résoudre, c'est la question de savoir s'il y a réellement opposition entre cette loi 52, § 4, et la loi 26, § 6, Dig., *mandati vel contra*, suivant laquelle certains commentateurs, comme nous l'avons dit plus haut, admettent que le mandataire n'a aucun recours contre son commettant, lorsque, dans l'exécution du contrat, il a essuyé une perte fortuite, et si, comme eux, nous devons concilier cette opposition en admettant que, dans la société, gains et pertes doivent être communs, et que, par suite, il est tout naturel que les jurisconsultes romains aient donné une solution différente, sur la même question, entre deux contrats si différents.

Pour nous, nous croyons que, de même que dans le mandat, la solution dépend de la question de savoir si la perte se trouve ou non dans un rapport nécessaire et direct avec la gestion des intérêts sociaux. Ainsi, pour nous, il n'y a nulle opposition entre ces deux lois. La première raison que l'on allègue n'a, en effet, aucun fondement ; à moins qu'on ne suppose une société de biens universels, on ne saurait admettre que toutes les pertes sont communes aux associés. D'un autre côté, si nous admettons qu'il y ait opposition entre les deux lois, nous arrivons forcément à une solution que l'équité repousse. Ainsi l'associé qui entreprend une gestion pour le compte

d'une société qu'il a contractée dans son propre intérêt, pourrait se faire indemniser par ses coassociés
des pertes fortuites qu'il a éprouvées ; tandis que le
mandataire, dont les services sont, en principe, complétement gratuits, n'aurait aucun moyen d'exiger de
son commettant la réparation des dommages qu'il a
soufferts.

Nous allons donc démontrer, en comparant entre
elles ces deux lois, que cette opposition n'existe pas,
et que si les décisions de ces lois sont diverses, elles
ne sont pas contraires ; elles sont données en application des mêmes principes ; l'application seule est
différente, selon que les pertes se trouvent ou non
dans un rapport de nécessité avec le mandat ou avec
la gestion entreprise pour la société.

Dans la loi 26, § 6, Dig., *mandati*, il est question de
pertes fortuites qui n'ont aucun rapport nécessaire
avec l'exécution du mandat donné : ce sont des
sommes qu'il était inutile d'emporter, et dont le mandataire ne devait point faire emploi dans l'intérêt du
mandant, *quæ impensurus non fuit;* il y est aussi
question de maladies essuyées en voyage par le mandataire ou par ses esclaves.

Dans la loi 52, § 4, il s'agit, au contraire, de pertes
fortuites bien différentes : deux individus ont entrepris un commerce de tuniques militaires *(sagariam
negotiationem)*, et l'un fait un voyage pour acheter
des marchandises ; il rencontre des voleurs qui lui en-
lèvent son argent ; ses esclaves sont blessés, et les
autres objets qui lui appartenaient ont été enlevés
avec l'argent destiné à acheter les étoffes : suppor-

tera-t-il seul la perte? La loi décide le contraire. Julien, dit-elle, prétend que les risques sont communs, et, par suite, il faudra, par l'action *pro socio*, faire supporter à chacun la moitié de la perte, tant de l'argent que des autres choses que l'associé n'aurait pas emportées avec lui s'il n'avait pas entrepris le voyage dans un intérêt commun. Julien pense même, avec raison, que les frais de guérison, s'il en a été fait, devront être partagés.

Il ne sera pas difficile de prouver maintenant que cette décision, dont le motif est si clairement expliqué, repose précisément sur la même distinction que celle qui est faite à la loi 26, §6, *mandati*.

Nous avons vu, en effet, que cette loi établissait formellement *(nam hæc magis casibus quam mandato imputari oportet)* que les pertes éprouvées par le mandataire, dans l'hypothèse qu'elle prévoit, n'ont aucun rapport avec l'exécution du mandat; mais il en est tout autrement des pertes qui, dans l'hypothèse de la loi 52, §4, doivent être partagées entre les deux associés; n'est-ce pas, en effet, le rapport le plus direct qu'on puisse trouver avec l'affaire que l'associé gérait pour le compte de la société? On lui vole l'argent destiné à l'achat des marchandises nécessaires à l'exploitation de l'entreprise; les esclaves qui devaient l'aider à faire ces achats et à transporter les marchandises, qui devaient même servir à protéger les valeurs que l'associé portait, ont été blessés dans cette rencontre : les frais de guérison de ces esclaves doivent donc nécessairement être payés par la société.

Il ne peut donc y avoir d'objection que quant aux

autres objets que l'associé avait avec lui et qui ont été
volés; mais cette objection est prévue et écartée dans
la loi même.

La perte des *res propriæ*, des objets propres à l'associé, nous dit Ulpien avec Julien, ne doit être supportée par la société qu'autant que ces objets étaient
nécessaires à la gestion, qu'autant que l'associé ne les
aurait pas eus avec lui s'il n'eût pas voyagé pour le
compte de la société, *quam rerum cæterarum quas
secum non tulisset, nisi ad merces communi nomine
comparandas proficisceretur.*

Donc, de même que dans la loi 26, §6, Dig., *mandati*, Paul déclare que le mandataire n'est point fondé
à réclamer indistinctement la réparation des pertes
fortuites qu'il a éprouvées à l'occasion du mandat,
de même, dans la loi 52, § 4, Dig., *pro socio*, l'associé
ne peut point indistinctement se faire indemniser de
pareilles pertes.

Et si, dans la première loi, le mandataire ne peut
pas réclamer du commettant le remboursement des
sommes qui ne devaient pas servir à l'exécution du
mandat, l'associé, dans la seconde, ne pourra point
faire supporter à son coassocié la moitié de la perte des
objets qu'il aurait eus avec lui, si ces objets n'eussent
pas été réellement utiles au succès de l'entreprise.

Enfin, que l'on compare les termes mêmes de ces
deux lois : *Non omnia quæ impensurus non fuit*, dit la
loi 26, *Rerum cæterarum quas secum non tulisset*,
dit la loi 52, et il sera impossible de douter que, pour
le mandat comme pour la société, les jurisconsultes
romains ont fait la même distinction.

Cette grave question est donc résolue, et si, dans le

titre *pro socio*, nous trouvons encore quelques légères différences entre les jurisconsultes romains,
Pothier nous explique parfaitement (*Contrat de société*, nº 128) qu'elles proviennent des dissidences des
deux sectes des Proculéiens et des Sabiniens. Mais,
remarquons-le bien, ce n'est que sur la question de
fait que portent ces différences, et non sur la question
de droit. Dans la loi 60, Dig., *pro socio*, Labéon pensait que les frais de guérison de l'associé blessé par
les esclaves de la société ne doivent pas être partagés
entre les coassociés, non plus, dit-il, que celui qui a
manqué de faire un héritage à cause de la société;
et la raison qu'il donne, c'est, dit-il, *quia id non in
societatem, quamvis propter societatem impensum sit.*
Julien, dans la loi 61, n'est pas de son avis, et indemnise l'associé des frais de guérison, et son avis,
paraît-il, avait prévalu. La dissidence entre les deux
jurisconsultes ne porte donc que sur le point de
savoir si les dépenses ont été faites ou non *in societatem.*

SECTION III.

DES RISQUES ET PÉRILS DANS LES CONTRATS SYNALLAGMATIQUES
INNOMMÉS.

§ Iᵉʳ.

Considérations générales sur les contrats innommés.

Nous n'avons pas ici à insister sur l'origine et la
théorie des contrats innommés, dont la jurisprudence

romaine est redevable à l'école des Proculéiens. Nous nous contenterons de résumer l'idée large et féconde qui leur sert de base, et qui semble remonter jusqu'à Labéon lui-même, d'après la loi 1re, § 1er, Dig., *præscriptis verbis.*

En dehors des quatre contrats consensuels, il n'y avait, en principe, aucune action qui sanctionnât les pactes. Ainsi, lorsque des parties avaient fait une convention telle que le *consensus* seul ne pût la rendre parfaite, ni l'une ni l'autre des parties ne pouvaient invoquer d'action pour contraindre son adversaire à exécuter son obligation. D'après sa propre inspiration, chacun pouvait se rétracter; de sorte que, d'après les Proculéiens, dont la doctrine a prévalu, tout restait dans les termes d'une simple convention, sans qu'il pût jamais y avoir de contrat. Les Sabiniens voulurent appliquer à la convention le contrat consensuel, avec lequel elle avait le plus d'analogie; ils voyaient, par exemple, une vente dans la convention ayant pour objet un échange, et, par suite, devaient admettre que le consentement seul était obligatoire.

Mais, d'après les Proculéiens, lorsque l'une des parties avait exécuté la convention et avait fourni à l'autre partie l'avantage qui en résultait, il y avait une *causa obligationis* qui résidait dans la *datio* accomplie ou dans le fait exécuté. Il y avait dès lors contrat et obligation civile. Telle est la source générale de cette sorte de contrat. Paul a ramené tous ces contrats à l'une des quatre catégories suivantes : *do ut des, do ut facias, facio ut des, facio ut facias.* Ce sont là les formes sous lesquelles nous les étudierons.

Après nous être rendu compte du caractère des contrats innommés, et avoir reconnu quelle était la place à leur assigner dans le système général des contrats, il nous est facile de prévoir que, en matière de risques et périls, les contrats innommés, pour ainsi dire formés et développés sous la tutelle des contrats nommés, ont dû emprunter à ces derniers les règles qui les régissaient. Aussi, dans toutes les questions de cet ordre, voyons-nous les jurisconsultes rechercher les analogies et les différences qu'il peut y avoir dans l'espèce d'un contrat innommé avec l'un ou l'autre des autres contrats nommés.

Prenons pour exemple le contrat innommé appelé par les commentateurs *contractus æstimatorius,* que nous pourrions appeler, dans certains cas, vente sur commission. Nous voyons Ulpien exposer que l'on a douté si ce contrat devait être envisagé comme une vente *propter æstimationem,* comme un louage, *quasi rem vendendam locassem, seu quasi operas conduxissem,* ou, enfin, comme un mandat. (Loi 1re, Dig., *de æstimatoria.*)

Plus loin encore, Ulpien s'occupe du même contrat, et le compare au mandat et à la société. (Loi 13, Dig., *de præscriptis verbis.*)

Si nous étudions les effets de ce contrat, sur lequel nous reviendrons plus loin, nous voyons que la question concerne tout entière les risques et périls, et nous dirons, avec Ulpien (loi 1re, Dig., *de æstimatoria*), qu'on ne peut rien décider en général, qu'on ne peut établir à son égard de règle certaine. Tout dépend, en effet, des circonstances dans lesquelles ce contrat s'est produit, et, par suite, on donnera une action *in fac-tum,* ou *præscriptis verbis,* comme l'appelle indistinc-tement Ulpien. Cette observation est, du reste, com-mune à tous les contrats innommés, qui ont cela de particulier que leur nature échappe à toute définition générale; aussi Gaïus et Justinien n'en ont-ils pas traité dans leurs Institutes.

Nous voyons encore Ulpien, dans la loi 5, § 7, Dig., *de præscriptis verbis,* rechercher les différences et les analogies d'un contrat innommé avec le louage. Paul compare l'échange à la vente (loi 2, Dig., *de rerum permut.*). Encore, aux lois 17, § 2, et 26, Dig., *de præ-scriptis verbis,* nous trouvons des espèces où le contrat innommé se trouve comparé au commodat et au dé-pôt. Enfin nous pouvons citer la loi 5, § 4, au même titre, où nous lisons : *Sed tutius erit, et in insulis fa-bricandis et in debitoribus exigendis, præscriptis verbis dari actionem : quæ actio erit similis mandati actioni, quemadmodum in superioribus casibus, loca-tioni et emptioni.* Nous voyons donc avec quel soin les jurisconsultes romains recherchaient la différence et l'analogie que présente chaque contrat innommé avec les quatre contrats consensuels.

§ II.

Contrat innommé : Do ut des *(échange).*

Si nous consultons l'équité, nous devons, en matière de risques et périls relativement au contrat innommé *do ut des*, que nous appelons échange, trouver de grandes ressemblances avec les règles qui gouvernent le contrat de vente ; car la dépendance et l'analogie des contrats innommés, à l'égard des contrats nommés, nous autorisent à en conclure que tout contrat innommé doit, dans son espèce, être gouverné par les règles de celui des autres contrats avec lequel il présente le plus d'analogie. Or il est évident que la *rerum permutatio* a la plus grande analogie avec la vente, et produit les mêmes effets quant à la garantie du chef d'éviction et des vices rédhibitoires, si bien que quelques auteurs ont voulu étendre à l'échange les effets de la lésion d'outre-moitié. Cette opinion est donc déjà fort probable. Cependant plusieurs commentateurs ont prétendu qu'en cette matière la question des risques et périls était gouvernée par d'autres règles que celles que nous avons appliquées au contrat de vente.

Nous avons donc d'abord à établir notre opinion sur les principes généraux que nous croyons devoir adopter en cette matière, et nous verrons ensuite si nous avons encore à défendre le droit romain du reproche d'inconséquence, toujours adressé par ceux qui veulent que les règles qui régissent le contrat de vente soient exceptionnelles.

Dans le paragraphe précédent, nous avons vu que la force obligatoire des contrats innommés provenait tout entière de la prestation qui avait été faite d'une part, et non point du consentement, comme dans le contrat de vente : cela considéré, nous allons voir que tout se passe comme dans la vente.

Prenons deux hypothèses :

1° L'une des choses périt avant qu'il y ait exécution d'aucune part : dans ce cas, puisque la prestation est à l'échange ce que le consentement est à la vente, il s'ensuit que si l'une des parties exécutait le contrat alors que la chose (*species*) que l'autre partie devait livrer était déjà périe, cette exécution manquerait son effet ; de même que la vente est nulle si, au moment où le consentement intervient, l'objet du contrat n'existe plus. Donc, celui qui a donné pourra répéter la chose par la *condictio sine causa*, de même qu'en cas de nullité de la vente, l'acheteur répéterait le prix par cette même *condictio*. C'est, du moins, ce que nous décidons d'après la loi 10, Dig., *de condict. c. d. c. n. s.,* que les adversaires de l'uniformité des principes du droit romain invoquent aussi, en prétendant qu'elle ne s'applique pas à notre hypothèse ; nous aurons à y revenir plus loin.

2° Si la chose périt après qu'il y a eu prestation d'une part ; si, par exemple, *Primus* ayant exécuté le contrat, la *species* que devait livrer *Secundus* périt fortuitement, ce sera le créancier *Primus* qui supportera cette perte, car *Secundus* sera libéré : *Impossibilium nulla est obligatio.* Il sera donc censé avoir donné la chose que le hasard seul l'empêche de donner, et, comme dans la vente, le créancier de la *species* demeurera obligé, tandis que le débiteur sera libéré par la perte fortuite. Nous le décidons ainsi d'après deux lois, l'une au Code, l'autre au Digeste, dont la dernière est tellement explicite qu'il est difficile de concevoir comment les commentateurs ont pu s'y tromper.

Quant à la loi 10, au Code *de condictione ob causam datorum*, son espèce en effet n'est pas bien connue, et il est difficile de tirer un argument précis de ce rescrit. Mais, réunie à la loi 5, §1, Dig., *de præscriptis verbis*, elle devient un argument redoutable. Cette loi, au Code, est ainsi conçue: *Pecuniam a te datam si hæc causa pro qua data est, non culpa accipientis, sed fortuito casu non est secuta, minime repeti posse certum est.* Sa teneur est en effet très-générale ; mais la loi 5, § 1, décide sur un cas déterminé, et y applique précisément cette décision générale.

Cette loi est ainsi conçue : *Sed si scyphos tibi dedi ut mihi Stichum dares, periculo meo Stichus erit actu, duntaxat culpam præstare debes.* Si je vous ai donné des coupes, dit le jurisconsulte Paul, pour que vous me donniez l'esclave Stichus, ce sera moi qui porterai le risque et péril, et vous serez seulement responsable de votre faute.

Pour écarter l'autorité de ce texte, Doneau, Pothier et d'autres auteurs prétendent que Paul aurait voulu dire seulement que j'éprouverai un préjudice par suite de la mort de Stichus, en ce sens que désormais je ne pourrai recourir à l'action *præscriptis verbis* pour obtenir des dommages et intérêts, ce qui serait fâcheux, si Stichus valait plus que les coupes. En d'autres termes, cela veut dire que le mot *periculum*, dans le texte, ne signifie pas nécessairement que celui qui a fait la prestation ne peut pas intenter la *condictio sine causa*, mais qu'il peut signifier simplement que cette partie perd l'*actio præscriptis verbis*.

Mais si l'on se rappelle les observations que nous

avons présentées, dans le chap. 1er, sur la signification du mot *periculum* dans les obligations synallagmatiques, on doit voir que cette doctrine est inadmissible, et que, même en admettant ici que ce mot, appliqué au créancier, ne veut pas dire qu'il perd ses droits résultant de l'obligation, il est impossible que le mot *periculum* se rapporte seulement à l'*actio præscriptis verbis.*

En effet, le jurisconsulte dit : « Si je donne une chose pour en recevoir une autre, il naît, sans aucun doute, une action civile (*civilis obligatio*) ; de sorte qu'à défaut de recevoir de vous la chose promise, je pourrai vous poursuivre en dommages et intérêts, ou, si je l'aime mieux, répéter ce que j'ai donné ; » et ce n'est qu'après qu'il ajoute : « Mais, si je vous ai donné des coupes pour que vous me donniez Stichus, je devrai supporter sa perte, si vous n'êtes pas en faute. » Ainsi, le sens est donc bien précis, puisqu'il ajoute que l'autre partie n'encourrait de responsabilité qu'autant qu'elle serait en faute. Par conséquent, si elle n'est pas *in culpa* à la mort de Stichus, elle est à l'abri de toute perte, c'est-à-dire qu'elle doit garder les coupes, et que, par suite, le créancier n'aura ni l'une ni l'autre action.

Enfin, nous pouvons faire observer que la construction grammaticale repousse aussi l'opinion contraire. En effet, la conjonction *sed* doit nécessairement se rapporter aux deux membres de phrase qui la précèdent ; dans le cas contraire, il est évident qu'elle ne peut se rapporter exclusivement au premier, c'est-à-dire au membre le plus éloigné.

Ces deux lois nous semblent donc résister à toute interprétation contraire, et concourent à prouver que le copermutant créancier, pour avoir exécuté son engagement, porte le risque et péril de la *species* qui lui est due, de même que l'acheteur porte le risque et péril par cela seul que la vente a été parfaite.

On invoque aussi, de la part de nos adversaires, la loi 16, Dig., *de condictione c. d. c. n. s.* Cette loi, qui est de Celse, est ainsi conçue : « Je vous ai donné de l'argent afin que vous me donniez Stichus. Est-ce là une affaire qui rentre dans le contrat de vente, ou bien n'y a-t-il d'autre obligation que celle qui se forme à la charge de celui qui reçoit dans un but, lequel ne se réalise pas ? J'incline à cette dernière opinion. Dès lors, si Stichus est mort *(mortuus est)*, je puis répéter ce que je vous ai donné pour Stichus..... » Telle est cette loi que l'on nous présente comme contraire à la décision de Paul que nous venons d'étudier.

Nous comprenons, en effet, que les partisans de l'opinion que le *jus pœnitendi* est admis dans tous les contrats innommés, veuillent que les règles de l'échange soient différentes des règles qui régissent la vente en matière de risques et périls. La théorie du *jus pœnitendi* est inconciliable avec tout ce que nous venons d'émettre, puisque cette théorie ne voit pas un obligé dans la personne qui a exécuté une convention d'échange. Nos adversaires prétendent donc que cette loi admet à la fois le *jus pœnitendi* en matière d'échange, et de plus contient, par suite, les prin-

7

cipes des risques et périls, ou plutôt n'en admet aucun.

Pour nous, nous adoptons avec empressement une solution qui, quoique réfutée par le savant professeur, auteur des *Obligations naturelles*, nous paraît être la seule véritable. C'est que cette loi décide sur le cas où la chose qui devait être donnée en échange de celle qui a déjà été livrée, n'existait plus au moment de la livraison, c'est-à-dire au moment de la perfection du contrat. Les mots *si Stichus mortuus est* signifient si Stichus est mort au moment de l'exécution. L'échangiste se trouverait donc, dès lors, dans le cas de l'acheteur qui aurait acheté et payé ce qui n'existait plus au moment de la vente ; il faudra donc que celui qui a fait la prestation puisse répéter ce qu'il a donné, le contrat ayant été nul.

« Les termes de la loi 16, dit l'auteur des *Obligations naturelles*, ne nous paraissent pas se prêter à cette explication. Celse, par la manière dont il s'exprime (*si mortuus est* et non *si mortuus erat*), se préoccupe évidemment d'un décès survenu après la *datio*. Les faits dont il s'agit d'apprécier le caractère excluent toute convention antérieure à la *datio*. De l'argent a été donné pour avoir un esclave : voilà ce qui s'est passé. Y a-t-il vente ou non ? Assurément le jurisconsulte sous-entend qu'une vente serait possible, s'il n'y avait pas lieu de l'écarter à raison de la nature de la prestation à effectuer de la part de celui qui a reçu l'argent ; car, si la vente eût été impossible faute d'objet, il en eût été de même pour un

échange, et il aurait été bien inutile de se demander
si l'on devait appliquer les règles de la vente ou d'autres règles. »

Ce n'est pas notre avis : d'abord, si Celse avait entendu parler d'un événement postérieur à la *datio*,
il aurait mis *si moritur*. *Si mortuus erat* signifierait
que l'esclave était mort au moment de la convention :
ce qui serait absurde, puisque la convention n'aurait
pu se former. Nous voyons au contraire un grand intérêt à savoir si nous devons ou non appliquer les
règles de la vente. Si nous appliquons les règles de
la vente, le contrat ne sera pas nul, comme le disent
les lignes que nous venons de citer, et alors les risques seraient pour l'acheteur, pour le donneur d'argent : car l'esclave est mort avant la tradition de
l'argent, mais après le consentement qui a formé la
vente. Si, au contraire, nous admettons les règles
de l'échange, nous aurons en effet un contrat nul,
puisqu'il n'avait pas d'objet. On voit donc bien que
l'auteur des *Obligations naturelles* s'est complètement trompé, parce qu'il a cru que les partisans de
notre opinion parlaient d'une mort antérieure à la
convention même.

Du reste, il est d'accord avec nous pour dire que
l'équité parle en faveur de notre opinion, et qu'il est
incontestable que cette opinion a prévalu plus tard
dans la jurisprudence romaine, tout en trouvant que
les commentateurs qui séparent la vente de l'échange,
au point de vue des risques, n'ont fait que tirer une
déduction logique de ce point de départ tiré de Celse,

qu'il n'existe d'obligation à l'égard de l'échangiste qu'autant qu'il est nanti.

Interprétées comme nous l'avons fait, toutes les lois s'accordent parfaitement entre elles avec les principes qui gouvernent le contrat de vente, et il en résultera que le *jus pœnitendi* (s'il est vrai qu'il existe dans l'échange) ne peut être exercé lorsque l'échangiste, à qui une prestation avait été faite, est dans l'impossibilité d'exécuter la sienne, parce que cette impossibilité équivaut à l'exécution : règle établie pour la vente par la loi 5, § 1, Dig., *de rescindenda venditione,* comme conséquence d'un principe général, et que la loi 3, §4, Dig., *de condictione c. d. c. n. s.,* établit dans un contrat auquel il est impossible de contester son analogie avec la vente : *Quinimo si nihil tibi dedi ut manumitteres, placuerat tamen ut darem, ultro tibi competere actionem, quæ ex hoc contractu nascitur, id est condictionem (action præscriptis verbis), defuncto quoque eo.*

Comment résoudre la question des risques, dans le cas où la *species* livrée par un des copermutants périt auprès de l'autre qui n'a pas encore exécuté son obligation ?

Nous voyons, en effet, que, par le fait du *dare,* le copermutant qui reçoit la chose devient débiteur d'une alternative au choix du créancier, puisqu'il devra ou exécuter son engagement ou restituer ce qu'il a reçu, suivant l'option de l'échangiste qui a exécuté la convention.

Cette question ainsi posée se résoudra donc d'après

les principes généraux du droit en matière d'obligation alternative.

Dans cette obligation, les deux choses sont *in obligatione*; il en résulte que le permutant débiteur ne peut se prétendre libéré par cela seul que la chose à lui livrée est venue à périr : le créancier n'aurait perdu que la *condictio c. d. c. n. s.*; mais il conserverait toujours l'action *præscriptis verbis*, tant que la chose qu'il doit recevoir subsiste, et même si elle était périe par la faute du débiteur.

§ III.

Contrats innommés : Do ut facias, facio ut des, ut facias.

D'après les mêmes principes, nous résoudrons la question des risques et périls, dans les autres contrats innommés, d'après l'analogie que le contrat innommé aura, dans son espèce, avec les autres contrats, suivant l'intention des parties et les circonstances du fait.

Nous trouvons d'abord dans la loi 5, § 3, Dig., *de condictione c. d. c. n. s.*, l'exemple d'un contrat innommé qui a le plus grand rapport avec le mandat. C'est d'après cette analogie que cette loi décide sur la question de savoir si celui qui a voulu procurer la liberté à un esclave, et qui a donné de l'argent à son maître pour que celui-ci l'affranchît, peut répéter ce qu'il a donné, lorsque l'esclave a pris la fuite avant l'affranchissement.

Le jurisconsulte Ulpien répond par cette distinction : Si le maître de l'esclave qui a reçu l'argent
avait l'intention de vendre l'esclave, et qu'il ne l'ait
pas vendu parce qu'il a voulu remplir l'engagement
qu'il avait pris, celui qui a donné l'argent ne pourra
pas le répéter, au cas où l'esclave a pris la fuite ; si,
au contraire, dit le même paragraphe, le maître de
l'esclave n'avait pas l'intention de le vendre, *quod si
distracturus non erat eum.....,* celui qui a donné l'argent pourra le répéter.

Le motif de cette distinction est évidemment l'analogie qu'il y a, au premier cas, avec le contrat de
vente ; au second, avec le mandat. En effet, au premier cas, où le maître de l'esclave avait l'intention de
vendre, le jurisconsulte décide comme s'il y avait eu
vente ; il refuse la répétition de l'argent à celui qui a
racheté l'esclave. Au deuxième cas, nous ne trouvons
plus d'analogie qu'avec le mandat, qu'impliquait aussi
le premier cas. Le maître n'avait pas l'intention de
vendre l'esclave ; il n'a pas la répétition, parce que,
n'y ayant aucune intention de vendre ou d'acheter,
le cas se rapproche tout à fait d'un mandat que la fuite
de l'esclave a rendu impossible. Il n'y a donc rien de
plus juste que d'accorder la répétition de l'argent, qui
n'était censé donné que pour défrayer à l'avance le
maître de l'esclave de la perte à lui causée par l'affranchissement ; d'ailleurs il eût supporté la perte
sans l'intervention du contrat. Cependant le § 3 ajoute
ce tempérament très-important : *Nisi forte diligen-
tius, cum habiturus esset, si non accepisset ut manu-
mitteret ; tunc enim non est æquum eum et servo et toto*

pretio carere. Nous trouvons, en effet, ce passage très-important par les mots *toto pretio*; c'est le seul texte que nous ayons trouvé dont il résulte que, dans certains cas, il est convenable de partager les risques entre les deux parties contractantes.

Au § 4 de la même loi, Ulpien continue à examiner le même cas; mais il suppose que l'esclave est mort avant l'affranchissement, et il considère alors quel peut être l'effet de la mise en demeure du maître de l'esclave. « Si le maître qui avait promis de l'affranchir, dit-il, est en demeure, il est évident qu'il doit rembourser ce qu'il a reçu; » et cela, lors même qu'il eût eu l'intention de vendre l'esclave. Nous savons, en effet, que celui qui est en demeure ne peut plus invoquer le principe *Impossibilium nulla est obligatio :* la chose était possible, et, sans son retard à l'affranchissement. la perte ne serait peut-être pas arrivée. Du reste, c'est une conséquence du principe de l'imputabilité que de ne déclarer libéré celui qui est mis dans l'impossibilité de faire une prestation, qu'autant qu'aucune faute ne lui est imputable; et nous avons vu ailleurs que la demeure impliquait une faute.

« S'il n'y a pas demeure, continue Ulpien, et que c'est en le conduisant vers la personne qui devait l'affranchir que l'esclave est mort, il y a lieu à la même distinction que précédemment : si le maître avait l'intention de vendre l'esclave ou de l'employer ailleurs, il gardera ce qu'il a reçu; s'il n'avait pas cette intention, le maître de l'esclave supportera la perte, et par suite il devra restituer l'argent, à moins que sa mort

n'ait été occasionnée par le voyage qu'on lui a fait
entreprendre pour l'affranchir, par exemple s'il a été
tué par des voleurs ou écrasé par la chute de l'étable
où il reposait, ou par un chariot, ou enfin par toute
autre cause qui ne se fût point présentée, s'il ne fût
point parti pour se faire affranchir. »

Que l'on se rappelle maintenant ce que nous avons
dit du mandat et de la société, et que l'on compare
ces derniers mots avec les termes suivants de la loi 52,
§ 4, *pro socio : Quam rerum cælerarum quas secum
non tulisset socius, nisi ad merces communi nomine
comparandas proficisceretur*, et ceux de la loi 26, § 6,
mandati, et l'on en conclura avec nous que nous avons
adopté en cette matière les vrais principes, et que le
droit romain a suivi, pour les contrats innommés, les
règles des contrats nommés, d'après l'analogie qui
existait entre eux. ·

Le *contractus æstimatorius* est un contrat innommé
fort important, qui se présentait si souvent chez les
Romains, qu'ils avaient donné un nom particulier à
l'action qui en résulte, *actio æstimatoria*, qui est, au
Digeste, l'objet d'un titre spécial.

La question des risques et périls est fort controversée dans ce contrat, parce que les interprètes ont
voulu la faire dépendre de la translation de propriété,
question qui est elle-même controversée à cause des
textes qui paraissent opposés.

Les uns ont prétendu qu'en règle générale, la
propriété n'étant pas transférée dans ce contrat au
revendeur, les risques étaient supportés par le premier
vendeur, par application sans doute de la règle : *Res*

peril domino. Mais cette opinion est complétement opposée aux distinctions qu'Ulpien fait à la loi 17, § 1, Dig., *de præscriptis verbis*, sur cette matière.

Il est vrai que Mühlenbruch, l'un des soutiens de cette opinion, ajoute fort simplement que le premier vendeur supportera les risques, à moins d'une convention contraire, qui, du reste, peut être tacite (*nisi illud in se recepit scutarius, quod quidem et tacite fieri potest*). C'est là une naïveté, car nous savons que toutes les règles générales sur les fautes et sur les risques et périls souffrent exception, lorsque les parties y dérogent soit tacitement, soit expressément.

Voici quelle est l'espèce de cette loi 17, § 1 : Je vous donne à vendre des perles avec estimation, à condition que vous me remettrez les perles ou le prix.

D'après Ulpien, Labéon et Pomponius ont fait la distinction suivante pour savoir qui portera le risque et péril : « *Si quidem ego te venditor rogavi, meum esse periculum. Si tu me, tuum. Si neuter, nostrum, sed duntaxat consensimus, teneri te hactenus ut dolum et culpam mihi præstes. Actio autem ex hac causa, utique erit præscriptis verbis.* »

Ces motifs dérivent de l'analogie de ce contrat avec les contrats nommés. Lorsque je veux vendre un objet et que je commets une personne pour qu'elle le vende à un prix déterminé, il est évident que ce contrat, dans son espèce, a la plus grande analogie avec le mandat, et qu'il n'en diffère que parce que, dans ce cas, le commissionnaire sera salarié, en ce sens qu'il ne devra restituer que le prix déterminé, et que, si la chose a été vendue plus cher, il pourra garder l'excédant.

D'après cela, il est tout naturel que l'affaire se gère aux risques et périls de celui qui a voulu vendre et qui a donné à vendre, absolument comme, dans le mandat, les risques sont pour le mandant. Telle est, croyons-nous, la première hypothèse : *Si ego quidem te venditor rogavi*.....

Si, au contraire, je n'avais pas l'intention de vendre, et que vous soyez venu m'engager à vendre mes perles, les risques, d'après la loi 17, § 1, et une autre loi d'Ulpien (11, Dig., *de rebus creditis*) qui exprime plus explicitement encore le même cas, seront pour celui qui a proposé de vendre. Le motif en est qu'ayant proposé de faire ce que l'autre n'eût point fait sans cela, il devrait être considéré comme mandant, si ce n'était l'empêchement tiré de ce que le contrat est gratuit, et que, dans le cas de la loi 17, § 1, l'intérêt est partagé.

En effet, la loi 6, § 5, Dig., *mandati*, décide qu'il y a mandat lorsque j'ai engagé quelqu'un à faire ce que, sans cela, il n'aurait pas fait. Telle est, du reste, la doctrine de Mühlenbruch lui-même, lorsqu'il cite cette loi. Il est donc juste que, comme auteur de la proposition à l'exécution de laquelle j'ai engagé l'autre partie, je supporte les risques et périls de cette exécution. C'est à cette seconde hypothèse que se rapporte la loi 1, § 1, Dig., *de æstimatoria*.

Il nous reste à examiner la troisième hypothèse de la loi 17. Je n'ai pas eu l'intention de vendre : mais ce n'est pas vous, non plus, qui vous êtes exclusivement constitué l'auteur de la proposition : *Quod si neuter nostrum, sed duntaxat consensimus.*

Il faut décider, dans ce cas, que le risque et péril sera supporté par moi, à cause de l'utilité réciproque que les deux parties peuvent en retirer. Ici ce n'est plus avec le mandat, c'est avec la société qu'il y a analogie, et tellement d'analogie, qu'au titre *pro socio*, Ulpien dit d'une espèce semblable qu'il y a société, suivant l'intention des parties (loi 44). Il est vrai que, dans la loi 13, § 5, Dig., *de præscriptis verbis*, le même Ulpien décide qu'il n'y a pas société, parce que celui qui a donné à vendre s'est réservé un prix certain.

Nous sommes de cette dernière opinion, et nous croyons qu'il ne faut voir là qu'un contrat innommé : la société suppose que chaque associé prendra une part au bénéfice, condition essentielle de ce contrat ; or il peut arriver que le revendeur n'ait qu'un prix égal ou même inférieur au prix de l'estimation : la participation est donc incertaine pour lui, tandis que l'autre partie est sûre de cette participation, motif indiqué par Ulpien : *Qui non socium distractionis, sed sibi certum pretium excepit.* On ne saurait donc voir là un contrat de société.

Nous devrons donc résoudre la question des risques et périls, dans cette troisième hypothèse du contrat estimatoire, par les règles observées dans le contrat de société. Donc, d'après ces règles, le revendeur est tenu de toute faute, comme le dit la loi 52, § 3, Dig., *pro socio*, où il est décidé qu'un associé qui a reçu du bétail à charge de le vendre à un prix déterminé, après l'avoir conduit aux pâturages, est tenu de toute faute, même du vol non commis par force majeure : il n'y a que le cas fortuit et la perte majeure dont il n'ait pas à répondre. Nous voyons que c'est absolument la même hypothèse que celle dont nous nous occupons.

Nous pouvons donc dire, en résumé : 1º lorsqu'une chose est donnée avec estimation dans l'intérêt de celui qui l'a donnée, il supporte les risques et périls ;

2º Lorsqu'elle est donnée dans l'intérêt de celui qui la reçoit, ce dernier porte les risques et périls ;

3º Lorsque l'intérêt est partagé, c'est le premier vendeur qui les supporte ; mais le revendeur est tenu de toute faute.

D'après la seconde de ces règles, le commodataire supportera le risque et péril de la chose qu'on lui aura donnée à vendre, comme le dit la loi 5, § 3, Dig., *commodati*. Cette loi, d'ailleurs, en donne aussi un motif en disant : *Qui æstimationem seu præstationem recepit.*

Dans la loi 26, Dig., *de præscriptis verbis*, nous trouvons deux cas qui se décideraient d'après l'analogie qu'ils présentent avec le *mutuum* ou le commodat. Il s'agit de coupes d'argent prêtées à condition que l'on rendra un poids égal d'un argent au même titre que celui des coupes : alors ce serait une sorte de *mutuum ;* les risques seraient donc pour l'emprunteur ; ou encore il s'agit de restituer ou les coupes, ou un poids égal d'argent : c'est ici une obligation facultative, et la perte des coupes libérerait l'emprunteur ; les risques seraient donc pour le prêteur.

La loi 17, § 2, au même titre, contient un cas qui se rapproche beaucoup du dépôt, et qui se décidera d'après les règles de ce contrat. Il s'agit d'une chose que l'on a donnée à garder (*inspiciendam*), et Ulpien fait les distinctions suivantes : si j'ai donné une chose à garder à quelqu'un dans notre intérêt à tous deux, il me répondra de sa faute, mais non de la perte fortuite. Si c'est dans mon intérêt seulement, il ne sera responsable que du dol, car ce contrat se rapproche du dépôt.

Nous pouvons voir aussi dans la loi 38, § 1er, Dig., *locati*, une application des principes que nous avons établis pour la *locatio operarum*. Dans cette loi, on déclare que les avocats qui ont reçu des honoraires ne sont point obligés de rendre ce qu'ils ont reçu, lorsque, par une cause majeure, ils ne peuvent s'acquitter de leurs engagements.

C'est aussi d'après l'application de ces mêmes principes que l'affranchi empêché, par suite d'une maladie, de prester les services qu'on lui a taxés, est censé les avoir accomplis. (Loi 15, Dig., *de operis libertorum.*

CHAPITRE III.

§ Ier.

De la condictio indebiti.

Nous avons fait observer, dans notre Chapitre Ier, que c'était surtout dans la *condictio indebiti* que la règle : *Res perit domino* serait à la fois fausse et injuste. En effet, si nous supposons que cette règle soit applicable, nous devrons, dans tous les cas, faire supporter les risques et périls à celui qui aura reçu indûment une chose, que cette chose consiste en une chose fongible ou en une *species*, puisque, dans tous les cas, il en devient propriétaire; car il est évident que, s'il n'en devenait pas propriétaire, on aurait contre lui la *vindicatio*, et non une *condictio*.

Cependant il est incontestable que lorsque la chose indûment payée est une *species*, et que cette chose périt fortuitement, celui qui l'aura reçue est libéré, puisque son obligation consistait à rendre ce qu'il a reçu dans son espèce, et que cela lui est devenu impossible.

Quant à la question de savoir s'il est libéré lorsque la perte fortuite est arrivée à des choses fongibles, elle est controversée. Il y a des jurisconsultes qui pensent que celui qui a reçu l'*indebitum* doit restituer autant qu'il a reçu, et que, par conséquent, il doit supporter les risques, d'après la loi 7, Dig., *de condictione indebiti*.

Cette opinion s'appuie surtout sur des passages où l'on assimile celui qui a reçu l'*indebitum* à celui qui est débiteur par suite d'un *mutuum*, et où l'on dit que l'on peut intenter contre lui la *condictio*, et qu'il est tenu *quasi ex mutuo*.

Il est certain que le quasi-contrat dont nous nous occupons a une grande ressemblance avec le *mutuum*, et que c'est avec raison que la loi 5, § 3, dit que l'*accipiens* est tenu *quasi ex mutuo;* mais le mot *quasi* indique qu'il y a aussi des différences que nous allons signaler.

D'une part, celui qui reçoit un *indebitum* en devient propriétaire, comme s'il avait contracté un *mutuum* : la chose donnée ne peut être revendiquée; l'*accipiens* n'est tenu que d'une action personnelle *ex condictione*. Voilà quels sont les points de ressemblance : *Obligatur quidem quasi ex mutui datione*, dit la loi 5, § 3, *et eadem actione tenetur qua debitores venditoribus.*

Mais, d'autre part, il y a une très-grande différence entre les deux actions personnelles dont il vient d'être parlé, entre la *condictio indebiti* et la *condictio ex mutuo*, ou, sinon entre les deux actions, du moins entre leurs principes fondamentaux. La *condictio indebiti* est fondée sur le *bonum et æquum*, et, par suite, lorsqu'il y aura bonne foi de la part de l'*accipiens*, la restitution de l'indû se trouvera soumise à une double loi.

1° Il est équitable que celui qui a reçu de bonne foi l'*indebitum* n'en souffre aucun préjudice ; il devra donc rendre la chose qu'il a reçue, mais seulement s'il la possède encore. Il ne répond de rien. Il ne devra aucuns dommages-intérêts, ni du chef de la *culpa*, ni du chef de la demeure; cependant, à partir de la demeure, il serait tenu de la faute. Mais, si la chose périt avant la mise en demeure ou avant la *litiscontestatio,* il ne devrait rien, lors même qu'elle eût péri par sa faute.

2° Il est équitable que l'*accipiens* ne se trouve pas enrichi par le payement de l'indû, *cum detrimento alterius ;* aussi devra-t-il restituer la chose, s'il la possède. Lorsque le payement aura consisté en une *species,* il devra donc la restituer telle qu'elle est au moment de la demande, avec les accessions naturelles, c'est-à-dire les fruits et accessions : par exemple, il devrait comprendre dans sa restitution l'utilité qu'il aurait retirée des travaux de l'esclave, parce que ces accessions, venant de la chose, sont considérées comme la chose elle-même. Toutefois il faudrait qu'elles existassent au moment de la demande. Si l'esclave a été affranchi, que faudrait-il décider ? Il ne le possède plus au moment de la demande, il ne peut le restituer ; de plus, il n'en a tiré aucun profit. La loi 65, § 8, *h. t.,* fait la distinction suivante : *Si servum indebitum tibi dedi, eumque manumisisti, si sciens hoc feceris, teneberis ad pretium ejus : si nesciens, non teneberis, sed propter operas ejus liberti et ut hereditatem ejus restituas.*

Si la chose a été vendue, l'action devra être cédée, pour

que le prix soit payé entre les mains de celui qui a payé indûment, ou le prix devra lui être remis, quel qu'il soit. En un mot, l'*accipiens* n'est tenu qu'à restituer la chose qu'il a reçue, avec les accessions naturelles, et, en cas de perte, il n'est tenu que jusqu'à concurrence de ce dont il demeure enrichi. Si la chose avait été vendue au delà de sa véritable valeur, nous croyons qu'il ne devrait restituer au demandeur que la valeur réelle de la chose, et non le prix; car ce n'est qu'en cas de perte que le principe que le défendeur est tenu de ce dont il s'est enrichi doit être suivi: il pourra donc conserver le surplus, car, s'il ne peut demeurer enrichi, ce n'est qu'à la condition qu'il l'ait été *cum detrimento alterius*.

Si le payement consiste en choses fongibles, nous croyons que la règle est bien que l'*accipiens* devra les rendre en pareille quantité et qualité; mais nous pensons aussi qu'il ne les devra qu'autant qu'il les a consommées lui-même, et qu'elles l'ont enrichi par la consommation; si elles avaient péri, nous pensons qu'il ne devrait rien.

§ II.

De la gestion d'affaires.

Dans la gestion d'affaires, nous aurons généralement à appliquer les principes que nous avons étudiés dans le mandat. Ainsi donc, en principe, tout s'exécutera aux risques et périls de celui dont on gère les affaires: nous avons les mêmes raisons pour le déci-

8

der que dans le mandat. C'est en vertu du principe de l'imputabilité qu'il devra les supporter, puisque c'est dans son intérêt que le gérant a pris la conduite des affaires. Le gérant ne sera point tenu des risques et périls provenant du cas fortuit, à moins qu'il n'y ait de sa faute, ce qui aura lieu dans tous les cas où il ne pourra pas intenter l'*actio negotiorum gestorum contraria*, et ceux où il ne pourra l'exercer que jusqu'à concurrence de ce dont le *dominus* s'est enrichi.

Ainsi il pourra placer des sommes à intérêt, s'il se trouve administrateur des biens du *dominus*, et il ne répondrait pas du cas fortuit qui rendrait les débiteurs insolvables, à moins que sa négligence à se faire payer plus tôt n'ait été une cause de perte. Mais il supportera les risques dans le cas où il aura fait des choses que le *dominus* n'avait pas l'habitude de faire, en plaçant à intérêt des sommes que l'on n'y mettait point ordinairement; s'il entreprend des affaires hasardeuses, étrangères à la profession ou au commerce de l'absent; s'il a agi *deprædationis causa*, ou enfin s'il a géré les affaires malgré la volonté du *dominus*.

Devrons-nous appliquer au gérant d'affaires les principes de la loi 26, § 6, Dig., *mandati*, c'est-à-dire devra-t-on l'indemniser des pertes que lui-même aura éprouvées à cause de sa gestion? Cette loi étant entièrement conforme aux principes de l'imputabilité et à l'équité, nous n'hésitons pas à décider que cette disposition doit s'étendre au gérant d'affaires, pourvu et pour autant que ces pertes seraient la conséquence directe et immédiate de la gestion d'affaires, sauf, bien entendu, dans les cas où l'action *negotio-*

rum gestorum lui serait entièrement refusée, c'est-à-dire lorsque: 1° dès le principe, la gestion ne s'est pas présentée comme utile; 2° il a géré l'affaire comme étant sienne; 3° il l'a gérée malgré la défense du *dominus*; 4° il a eu, en gérant l'affaire d'autrui, l'intention de faire une libéralité.

§ III.

De la tutelle et de la curatelle.

La tutelle et la curatelle sont de véritables mandats donnés par la loi; nous n'avons donc qu'à renvoyer aux détails que nous avons donnés sur les risques et périls dans le mandat.

Quant à la question que nous venons de poser dans la gestion d'affaires, elle se présente encore: faut-il appliquer les principes de la loi 26, § 6, *mandati?* Ici nous hésitons encore moins, et nous décidons avec Voët que les pertes qui découleraient directement de la tutelle ou de la curatelle doivent être remboursées au tuteur ou au curateur, à bien plus forte raison que dans la gestion d'affaires, puisque, dans ce cas-là, la gestion est nécessaire.

§ IV.

Du quasi-contrat de communauté.

La communauté peut s'établir par l'effet de la loi, lorsque, dans une succession *ab intestat*, il y a plu-

sieurs héritiers, ou par la volonté de l'homme, lorsque
par testament on a institué plusieurs héritiers, ou
lorsqu'on a légué la même chose à plusieurs léga-
taires. De cette communauté il naît entre les quasi-
associés les mêmes rapports qu'entre associés. Nous
n'avons donc qu'à répéter ce que nous avons déjà
dit pour les risques et périls relativement au contrat de société. Les risques seront supportés par la
communauté, de même que la société les supporte,
lorsqu'elle est devenue propriétaire des apports. De
plus, nous ferons l'application de la loi 52, § 4, *pro
socio,* à la communauté, et nous décidons que la communauté devra indemniser les quasi-associés des
pertes que ceux-ci auraient faites en gérant les affaires de la communauté.

§ V.

Du quasi-contrat résultant de l'acceptation d'une hérédité.

Par l'acceptation d'une hérédité, l'héritier contracte
envers le légataire l'obligation de lui livrer la chose
qui lui a été léguée. Cette obligation, formée *quasi ex
contractu,* ne peut se comparer à aucun contrat déterminé.

Envers le légataire, l'héritier répond non-seulement de sa faute, mais encore de son fait, qui suffit
pour maintenir son obligation envers le légataire,
d'après le § 10, *de legatis,* aux Instituts de Justinien : *Si res legata sine facto heredis perierit, le-*

gatario decedit. Ainsi, en principe, la chose léguée est aux risques du légataire, que ce soit avant ou après le *dies cedit*, ou même après le *dies venit*.

La fin du § 16 explique comment le simple fait de l'héritier peut conserver son obligation envers le légataire : *Si vero heredis servus legatus fuerit, manumiseritque eum, teneri eum Julianus scripsit, nec interest scierit, an ignoravit a se legatum esse.* On voit aussi au Digeste (loi 25, § 2, *ad senatusc. Trebell.*) une loi du même Julien qui statue de la même façon sur un cas analogue.

—

DEUXIÈME PARTIE

DROIT FRANÇAIS.

◆

CHAPITRE PREMIER.

THÉORIE GÉNÉRALE DES RISQUES ET PÉRILS DANS LES OBLIGATIONS.

Il est facile de voir, en étudiant attentivement certaines parties du titre des Obligations, combien l'importante question des risques et périls préoccupait les rédacteurs du Code Napoléon. La règle *Res perit domino* était admise depuis longtemps par tous les jurisconsultes, mais elle était inapplicable dans certains cas. « La chose périt pour le propriétaire, disait Pothier, plutôt que pour ceux qui en avaient la garde ou l'usage, lesquels, par la perte qui arrive de la chose sans leur faute, sont déchargés de l'obligation qu'ils avaient contractée de la rendre. Mais, lorsqu'on oppose le propriétaire débiteur d'une chose au créancier de cette chose qui a une action contre le propriétaire pour se la faire livrer, en ce cas, la chose périt pour le créancier plutôt que pour le propriétaire, qui, par la perte de la chose, est libéré de l'obligation de la livrer. » Dans les cas donc où la règle *Res perit domino* était inapplicable, on avait admis, malgré les scrupules de quelques jurisconsultes philosophes, qu'il était juste que le créancier supportât les risques de la chose due : *Res perit creditori.* Les rédacteurs du Code Napoléon voulurent concilier ces deux règles dans l'art. 1138 du Code Napoléon, et c'est pour cela qu'après avoir dit que l'obligation à livrer *rendait le créancier propriétaire,* ils ont ajouté immédiatement : *et elle met la chose à ses risques, dès l'instant où elle a dû être livrée.* On a donc déclaré le créancier propriétaire uniquement pour lui faire supporter les risques, quoiqu'il fût généralement admis sans difficulté que le créancier les supportât en cette qualité.

Parmi les jurisconsultes qui se sont occupés de cette matière, les uns ont accueilli cette innovation avec enthousiasme, d'autres y ont vu au contraire une disposition insignifiante. « Il s'en fallait de beaucoup, dit M. Troplong, que l'adage *Res perit domino* fût une règle invariable en droit romain ; il n'était applicable que lorsqu'on opposait le propriétaire à ceux qui ont la garde ou l'usage de la chose, par exemple au dépositaire, au commodataire, au gagiste; mais la règle était fausse lorsqu'on opposait le propriétaire débiteur au créancier ; la chose périssait pour le créancier plutôt que pour le propriétaire qui était libéré. C'est pourquoi, bien que la vente ne transférât pas la propriété, tant que la chose n'était pas livrée, la chose était aux risques de l'acheteur..... En France, les lois romaines avaient été adoptées par les auteurs et par la jurisprudence. Quoique l'acheteur ne fût pas propriétaire avant la tradition, il n'en était pas moins chargé du risque de la chose dont il était créancier.

» La théorie du Code Nap. sur la transmission de la propriété par la seule énergie de la convention a mis une parfaite harmonie entre les notions du droit naturel et la règle que *la chose périt pour l'acheteur*. En effet, l'acheteur étant investi de la propriété dès que le contrat est arrivé à sa perfection, c'est le propriétaire qui souffre la perte de la chose, et il ne reste plus qu'à dire avec la raison et la plus stricte justice *Res perit domino.* »

« Dans mon opinion, dit d'autre part un magistrat, dans la *Revue de droit français et étranger* (tom. III, p. 784), cet article (1138) n'est que le résultat d'un brocard de droit assez mal entendu, d'une confusion déplorable entre la maxime assez peu comprise : *Res perit domino*, et celle d'après laquelle la chose périt pour le créancier d'un corps certain. Les auteurs du Code se sont crus obligés de dire que le créancier, étant propriétaire par le simple pacte, peut rejeter sur lui la perte de la chose, ce qui était une erreur. »

Il est donc bien évident que lorsque le législateur disait que l'obligation de livrer la chose est parfaite par le seul consentement, il entend dire par là qu'elle sera parfaite en ce sens que les risques doivent être supportés par le créancier devenu propriétaire.

Par conséquent, la règle *Res perit domino*, qui, pour nous, est complétement étrangère au droit romain, et dont nous avons démontré le peu d'autorité, doit nous servir de règle principale en droit français, et ses conséquences, absurdes en droit romain, puisque la tradition seule y transférait la propriété, deviennent fort justes en droit français.

Cependant, quoique fort étendue par le principe du transport immédiat de la propriété par le seul consentement, cette règle est encore insuffisante dans certains cas. Son application nouvelle ne s'étend, en effet, qu'aux cas où l'on appliquait précédemment la règle *species debita peril creditori.* Mais elle ne saurait s'appliquer aux obligations de faire, telles que le louage d'ouvrage, ni au mandat pour les pertes fortuites que le mandataire aurait éprouvées, ni enfin à la société, puisque dans ce dernier cas l'art. 1852 fait supporter à la société les risques de la chose que l'associé a perdue fortuitement dans l'intérêt de la société, quoique cette chose appartienne à l'associé. Dans tous ces cas, la règle *Res peril domino* ne conduirait donc qu'à des résultats complétement faux : il est évident que le Code Napoléon a suivi, dans ces différents cas, la règle adoptée par le droit romain en pareille matière, c'est-à-dire la règle de l'imputabilité.

Ainsi donc, la théorie des risques et périls en droit français est analogue à celle que nous avons exposée en droit romain. Nous n'avons, pour nous en convaincre, qu'à examiner successivement les principes posés par le Code Napoléon dans les différentes modalités des obligations, et nous verrons que les différences qui se trouvent dans les deux législations proviennent de l'adoption de la règle *Res peril domino*, dans des cas où chez les Romains le contrat ne transférait pas *solo consensu* la propriété.

Ainsi, dans l'obligation sous condition suspensive, l'art. 1182 contient une importante dérogation aux principes du droit romain. « Si la chose s'est détériorée sans la faute du débiteur, le créancier a le choix ou de résoudre l'obligation, ou d'exiger la chose dans l'état où elle se trouve, sans diminution du prix. » Il s'agit de l'obligation de livrer un corps certain sous condition suspensive. Cet article est fort juste dans les deux premiers alinéas et dans le quatrième ; mais dans le troisième, que nous venons de citer, il déroge singulièrement aux vrais principes du droit. Ainsi le premier alinéa fait supporter au débiteur, sous condition suspensive, les risques de la chose à livrer, et si, ajoute le second, la chose est périe entièrement sans la faute du débiteur, l'obligation est éteinte. Il est évident que la condition s'accomplirait en vain après la destruction de la chose, puisque l'obligation du créancier de payer le prix ne peut plus naître faute de cause, celle du débiteur n'étant pas née faute d'objet. L'article a donc raison de dire que l'obligation ne peut plus se former ; car les mots dont il se sert sont inexacts ; l'obligation ne sera pas éteinte, puisqu'elle n'est jamais née. Il en est de même du quatrième alinéa, qui oblige le débiteur à payer des dommages-intérêts au créancier dans tous les cas, lorsque la chose s'est détériorée par sa faute, que le créancier opte pour la résolution ou la validité du contrat. Dans le troisième alinéa, au contraire, le droit d'option accordé au créancier est injuste, en ce sens que les risques des détériorations peuvent retomber sur le débiteur, comme les risques de la chose elle-même. Cette disposition est à la fois illogique et contraire à l'équité : illogique, parce que, d'après l'art. 1170, l'accomplissement a un effet rétroactif au moment même de la convention, et que, par conséquent, le créancier, au moment où l'obligation se forme, est censé avoir toujours été propriétaire ; il devrait donc supporter les détériorations ; contraire à l'équité, puisque, l'acheteur profitant des accessions et accroissements qui ont eu lieu *pendente conditione*, il serait juste qu'il supportât aussi le risque des détériorations.

Le système du droit romain (loi 8, Dig., *de peri. et com. rei vend.*) et de notre ancienne jurisprudence était beaucoup plus rationnel. Cette disposition critiquée n'a pourtant d'autre origine que la règle *Res perit domino*, qui a donné le change au législateur. « En effet, disait Bigot-Préameneu dans l'*Exposé des motifs*, dans la vente sous condition, le débiteur restant propriétaire jusqu'à l'accomplissement de la condition, ce doit être à ses risques que la chose diminue ou s'augmente, et le créancier, s'il n'est pas en faute, doit avoir le choix de résoudre l'obligation ou d'exiger la chose dans l'état où elle se trouve, sans dommages-intérêts. » Il faut avouer que ces raisons sont bien faibles pour motiver un pareil changement de législation ; car les détériorations subies par la chose n'empêchent pas qu'elle n'existe, et que, par conséquent, elle ne puisse former à la fois l'objet de l'obligation de livrer et la cause de l'obligation de payer.

Quoi qu'il en soit, la loi a statué, et nous devons nous incliner devant ses décisions. Les principes sont exactement les mêmes en matière d'obligation sous condition résolutoire. Les rôles seuls sont intervertis ; le débiteur sous condition résolutoire est en effet créancier sous condition suspensive, de même que le créancier sous condition résolutoire est débiteur sous condition suspensive. En effet, si je vous dois un objet, et que cet objet est à vous sous condition résolutoire que tel événement s'accomplira, cet objet est à moi, et vous êtes tenu de me le livrer sous la condition suspensive du même événement. Ainsi donc, les règles que porte l'art. 1182 pour le débiteur sous condition suspensive s'appliquent nécessairement au créancier sous condition résolutoire; ce dernier supportera donc les risques de la chose due ; et la raison en est toute naturelle : c'est qu'il en est actuellement propriétaire. La question se trouve donc résolue à la fois par les principes généraux et par les termes mêmes de l'art. 1182. Il est donc tout naturel que les rédacteurs du Code n'aient pas traité des risques et périls dans l'obligation sous condition résolutoire.

Il est évident, par la définition même que donne du terme l'article 1185, que, dans l'obligation à terme, les risques seront supportés par le créancier même, qui devient propriétaire par l'effet même de l'engagement, mais qui n'en devient détenteur qu'à l'époque fixée ; il n'y a donc qu'à appliquer purement et simplement la règle : *Res perit domino.*

On voit avec quel soin le législateur s'est occupé de la question des risques et périls dans les articles où il a traité des obligations alternatives; nous y trouvons, en même temps, les principes du droit romain.

« L'obligation alternative devient pure et simple, dit l'article 1193, si l'une des choses promises périt et ne peut plus être livrée, même par la faute du débiteur. Le prix de cette chose ne peut pas être offert à sa place.

» Si toutes deux sont péries, et que le débiteur soit en faute à l'égard de l'une d'elles, il doit payer le prix de celle qui a péri la dernière. »

Telles sont les règles admises en matière d'obligations alternatives dans le cas le plus ordinaire, c'est-à-dire celui où la chose appartient au débiteur. Des règles différentes sont portées dans l'article 1194, pour le cas où le choix appartient au créancier :

« Lorsque, dans les cas prévus par l'article précédent, le choix avait été déféré par la convention au créancier :

» Ou l'une des choses seulement est périe; et alors, si c'est sans la faute du débiteur, le créancier doit avoir celle qui reste; si le débiteur est en faute, le créancier peut demander la chose qui reste ou le prix de celle qui est périe;

» Ou les deux choses sont péries; et alors, si le débiteur est en faute à l'égard des deux, ou même à l'égard de l'une d'elles seulement, le créancier peut demander le prix de l'une ou de l'autre, à son choix. »

Et enfin, « si les deux choses sont péries sans la faute du débiteur, et avant qu'il soit en demeure, ajoute l'article 1195, l'obligation est éteinte, conformément à l'article 1302. »

Ainsi, d'après l'article 1193, l'obligation devient pure et simple, lorsque l'une des deux choses périt, non, comme le dit Pothier, parce que, les deux choses étant dues l'une et l'autre, l'obligation subsiste dans celle qui reste, mais parce que c'est le propriétaire d'une chose qui doit en supporter la perte.

Or nous savons que le principe de la transmission de la propriété par l'effet seul des obligations n'est applicable qu'à celles dont l'objet est certain et déterminé au moment du contrat, et non pas à celles dont l'obligation n'est pas déterminée, quoiqu'il soit certain que l'objet existe. Dans cette dernière catégorie se rangent les obligations alternatives et toutes les obligations de genre dans lesquelles l'objet à donner n'est déterminé que dans son espèce : l'objet de ces obligations demeurant en suspens, et ne pouvant être déterminé que par le choix du débiteur ou du créancier, s'il lui a été déféré par la convention, ce ne peut être que par la notification du choix que la propriété est tranférée en vertu de l'obligation. Jusqu'à ce moment, s'il périt une des choses, elle périt pour le débiteur, non pas parce qu'il les devait toutes, ce qui est évidemment faux, mais plutôt parce que celle qui a péri n'était pas due, et que le débiteur en était demeuré propriétaire.

Puisque l'impossibilité de procurer désormais l'une des choses comprises dans l'obligation rend cette obligation pure et simple, et la réduit à l'unique objet qui reste, il semblerait que la destruction de cette chose, arrivée par cas fortuit, devrait libérer le débiteur, alors même que le premier objet ne serait devenu impossible à procurer que par sa faute. Telle devrait être, du moins, l'application rigoureuse des principes de l'article 1302. Et cependant le deuxième alinéa de l'article 1193 déclare le débiteur tenu du prix de la chose qui a péri la dernière, par cela seul qu'il est en faute pour l'une des deux, n'importe laquelle. Ainsi, la pensée de la loi est que celui qui, par la destruction volontaire de l'un des deux objets de l'obligation, rend cette obligation pure et simple, ne le fait qu'à ses risques et périls, et en se soumettant à donner l'équivalent du second objet, s'il venait à périr à son tour. Autrement le débiteur pourrait, à son gré, détruire les chances que la convention offrait au créancier; et puisque la perte fortuite de l'un des objets devait nécessairement donner l'autre pour objet à l'obligation, il ne faut pas que la destruction volontaire de ce dernier objet rende cette obligation nulle. Mais peut-être eût-il été plus conforme aux principes de donner alors au créancier, non pas le prix de celle qui a péri la dernière, mais bien le prix de celle par laquelle le débiteur est en faute, puisque c'est elle qui se serait trouvée due et que le créancier eût obtenue, sans la faute du débiteur. Quand c'est la seconde chose qui a péri par la faute du débiteur, peu importe comment la première a péri, et il est dès lors fort juste de faire payer au débiteur le prix de la seconde.

Les règles, on devait le prévoir, sont différentes dans le cas où le choix appartient au créancier. Mais des principes établis par l'art. 1194, trois seulement sont conformes aux principes du droit. Ainsi il est fort juste que le créancier se contente de la chose qui reste, lorsque l'autre est périe par cas fortuit ; si, au contraire, elle est périe par la faute du débiteur, il est évident que le créancier doit avoir le choix de prendre celle qui reste ou le prix de l'autre. Décider autrement, ce serait permettre au débiteur d'anéantir la convention à son profit. La même raison de décider existe quand les deux objets viennent à manquer l'un et l'autre par la faute du débiteur ; le créancier doit avoir à choisir entre les deux valeurs. Mais, quand la perte de l'une des choses a eu lieu par cas fortuit, que celle de l'autre est arrivée par la faute du débiteur, il nous semble que le créancier n'eût dû pouvoir réclamer que le prix de la chose dont la perte est imputable au débiteur, puisque c'est cette chose qu'il eût reçue si l'on n'avait rien à reprocher au débiteur.

C'est précisément à cause de la question des risques et périls qu'il importe de ne pas confondre les obligations alternatives avec d'autres obligations qui ont avec elles de grandes ressemblances : telles sont les obligations facultatives et les obligations avec clause pénale. Dans l'obligation facultative, il y a un objet seulement *in obligatione;* l'autre se trouve *in facultate solutionis;* par conséquent, si la chose *in obligatione* est un corps certain, et qu'elle soit périe fortuitement, le débiteur est libéré, car la chose *in facultate solutionis* n'a jamais été due. Il en est de même dans l'obligation avec clause pénale : la peine n'étant due que lorsque le débiteur, par sa faute, n'a pas exécuté l'obligation, la perte de la chose due libérera complétement le débiteur.

Ainsi, nous le voyons, en droit français, les consé-

9

quences sont absolument les mêmes qu'en droit romain, relativement aux risques. En général, dans les contrats unilatéraux, la règle *Res peril domino* pouvait, sans inconvénient, se substituer à la règle que nous avons admise en droit romain. Dans les contrats synallagmatiques, de nouveaux principes l'ont rendue applicable là où nous avons démontré qu'elle n'était qu'une absurdité. Il est vrai, cependant, que, relativement à la vente pure et simple, aucun texte formel n'oblige l'echeteur à payer le prix lorsque le corps certain qui devait être livré a péri fortuitement, et les art. 1138, 1245 et 1302 pourraient encore laisser du doute sur cette question ; mais, quand on compare l'art. 1583, qui déclare l'acheteur propriétaire à l'égard du vendeur dès qu'on est convenu de la chose et du prix, avec l'*Exposé des motifs*, où l'on voit sans cesse invoquer la règle *Res peril domino*, on est forcé de se ranger du côté des principes suivis par tous les auteurs qui admettent qu'en général le Code Napoléon a consacré les principes du droit romain et de l'ancienne jurisprudence en matière de vente.

Nous verrons également, sauf de légères modifications, que, dans le contrat de louage de choses et de louage d'ouvrage, le Code a suivi les mêmes principes que le droit romain. Nous croyons aussi qu'en matière de société, les principes du droit romain se retrouvent dans les dispositions, fort obscures du reste, de l'article 1867, qui a été l'objet de différentes interprétations.

Les règles générales sur les risques et périls souffrent exception dans plusieurs cas :

1° Lorsqu'une convention, soit expresse, soit tacite, est intervenue entre les parties, par laquelle les risques et périls devront être supportés par l'un des contractants. Le principe de l'art. 1134 est, en effet, applicable.

Nous avons vu qu'en droit romain, le dépositaire qui se présentait pour recevoir le dépôt assumait sur lui le risque et le péril, mais non tout cas fortuit. Le droit français a suivi la même voie, en déclarant, dans l'art. 1929, qu'en aucun cas le dépositaire n'est tenu des accidents de force majeure, à moins qu'il n'ait été mis en demeure de rendre la chose déposée. Ces mots se réfèrent évidemment aux cas prévus par l'art. 1928, dans lesquels, en effet, le dépositaire assumera sur lui une grande responsabilité, sans que toutefois elle puisse jamais s'étendre aux cas fortuits.

Mais serait-il permis de stipuler, par dérogation à l'art. 1929, que la force majeure sera toujours à la charge du dépositaire? Il semble que cette clause, validée par le droit romain (loi 7, § 15, D., *de pactis*), même dans le cas où le dépôt est exclusivement contracté dans l'intérêt du déposant, serait, dans ce dernier cas, contraire à l'équité, et devrait plutôt être considérée comme déguisant une libéralité conditionnelle. Mais rien ne s'opposerait à ce qu'elle fût insérée dans un contrat de dépôt, où l'intérêt du dépositaire se trouverait mêlé à celui du déposant.

De même qu'en droit romain il n'y a pas d'autres textes qui déclarent, pour les autres contrats, que la partie qui assume sur elle les risques et périls n'est pas censée répondre du cas fortuit et de la force majeure, de même, en droit français, il n'y a pas d'autre texte que l'art. 1920 qui s'occupe de cette question. Nous supposons donc que, dans notre droit, une convention par laquelle le vendeur ou le locateur assumeraient sur eux tous les risques, comprendrait, par ces mots, la responsabilité de la force majeure elle-même.

Cependant nous avons, mais seulement pour le locataire de biens à ferme, des règles particulières à ce sujet, règles que la rubrique de la section nous empêche d'étendre à tout autre contrat.

« Le preneur, dit l'article 1772, peut être chargé des cas fortuits par une stipulation expresse. »

« Cette stipulation, ajoute l'article 1773, ne s'entend que des cas fortuits ordinaires, tels que grêle, feu du ciel, gelée, coulure. Elle ne s'entend pas des cas fortuits extraordinaires, tels que les ravages de la guerre ou une inondation, auxquels le pays n'est pas ordinairement sujet, à moins que le preneur n'ait été chargé de tous les cas prévus et imprévus. »

Ainsi, la stipulation par laquelle le fermier s'est chargé des cas fortuits est plus ou moins large. Ce sera au juge à apprécier et à peser les termes de la convention. Mais les deux articles que nous venons de citer doivent lui servir de règle d'interprétation, règle qui peut se résumer ainsi : ou la clause porte que le fermier supportera les cas fortuits, ou bien elle porte qu'il sera chargé de tous les cas fortuits, prévus ou imprévus. Dans le premier cas, la stipulation ne s'entend que des sinistres ordinaires, c'est-à-dire ceux que l'on prévoit ordinairement ; mais elle ne comprend pas les cas fortuits extraordinaires, c'est-à-dire ceux auxquels le pays n'est pas ordinairement soumis ; dans le second cas, le preneur reste chargé de tous les cas fortuits quelconques.

Nous n'avons pas besoin de dire ici comment le Code Napoléon a mis fin par ces deux articles aux controverses subtiles des Bartolistes et de Vinnius, ni pourquoi le législateur français a préféré la doctrine de Bartole ; mais une question plus importante est celle de savoir si la clause qui met à la charge du fermier les cas fortuits s'entend des sinistres qui affectent la chose, ou seulement des désastres qui affectent les fruits. Évidemment cette question dépendra en général de la portée que les parties ont entendu donner à leur convention. Cependant, en droit, nous croyons que le fermier ne sera censé avoir voulu prendre à ses risques que les ravages soufferts par les fruits ; car il n'est pas vraisemblable que sa pensée ait été de prendre la responsabilité des faits de force majeure qui affectent la chose même. Cela résulte d'ailleurs de la place de l'article 1772, qui vient après une série de dispositions ayant toutes pour but d'énumérer les cas où le fermier ne peut obtenir de remise sur le prix du bail pour cause de perte de la récolte. Cette convention doit donc se restreindre à un accord sur le cas de perte des fruits, le seul dont s'occupent les articles 1769 et suivants ; ainsi, si le feu du ciel ruinait un bâtiment, le propriétaire ne pourrait trouver dans la stipulation, même faite dans les termes les plus étendus, le principe d'une action en réparation contre son fermier : il faudrait une clause extensive, portant positivement que le fermier a été chargé des dégradations subies par le fonds par suite des fléaux destructeurs.

Nous pouvons, du reste, poser comme règle générale que, dans toute convention par laquelle une des parties contractantes se sera chargée des risques, il faudra s'en tenir aux termes mêmes de la convention, car cette convention est une exception au droit commun.

2° Il y a exception aux règles générales sur les risques et périls dans le cas où celui qui détient une chose en vertu d'une obligation en a violé la loi, soit directement, soit en vertu d'une faute ou même d'un fait qui lui est imputable. C'est une application du grand principe de l'art. 1382 : « Tout fait quelconque de l'homme qui cause à autrui un dommage oblige celui par la faute duquel il est arrivé, à le réparer; » et de la maxime non moins équitable : « Nul ne peut se libérer par son propre fait. »

Nous n'avons point à entrer ici dans les développements d'une théorie des fautes ; il nous suffira de dire qu'il y a nécessairement des exceptions à la maxime : « Nul ne peut se libérer par son propre fait. » Ceci ne sera applicable, en effet, qu'autant que l'on n'exerçait pas un droit; car l'exercice du droit enlève même l'idée de faute, ou du moins la rend non imputable à celui qui l'a commise. Mais si l'exercice d'un droit fait cesser la responsabilité, suffira-t-il, pour n'être pas responsable, d'avoir cru que l'on exerçait son droit, bien que ce droit n'existât pas en réalité ? Les auteurs se sont partagés sur cette importante question. Dans un système, le débiteur ni le

possesseur de bonne foi ne peuvent être en faute ;
l'opinion qu'ils ont de leur droit équivaut à la réalité.

Dans un autre système, on soutient, au contraire,
qu'ils seraient toujours responsables de la faute, parce
que *nul ne peut se libérer par son propre fait.*

Un autre système intermédiaire distingue entre le
débiteur de bonne foi et le possesseur de bonne foi,
en rendant le premier responsable de sa faute, tandis
que le second n'en est jamais tenu.

Pour nous, nous croyons qu'aucun de ces systèmes
ne doit être admis, et que c'est entre l'excès d'in-
dulgence du premier système et l'excès de sévérité
du second, que l'on doit trouver la vérité et les vrais
principes de l'équité.

3° Il y a encore exception dans le cas où le débiteur
a été constitué en demeure. Nous avons vu quels
étaient, en droit romain, les effets de la demeure au
point de vue des risques et périls. Le Code Napoléon
reproduit sur ce point les idées et les décisions que
nous avons trouvées dans le droit romain. L'art. 1138
met formellement à la charge du débiteur en demeure
les risques de la chose due, et l'art. 1139 contient
les règles suivant lesquelles on reconnaîtra que le
débiteur a été mis en demeure. Il rejette la fausse règle *Dies interpellat pro homine,* et ne considère le
débiteur comme mis en demeure qu'autant qu'il a été
interpellé soit par une sommation, ou par un autre acte
équivalent qui prouve que le créancier n'entend lui
accorder aucun délai ; autrement le retard apporté

à l'exécution de l'obligation par le débiteur est tacitement accepté par le créancier.

En droit français comme en droit romain, le principal effet de ce retard, juridiquement constaté, qu'on appelle la demeure, est de perpétuer l'obligation. Aux termes de l'art. 1302, la perte de la chose par cas fortuit, ou plus généralement tout événement qui rend impossible l'exécution de l'obligation, libère le débiteur : à l'impossible nul n'est en effet tenu. Mais cette libération n'a lieu qu'autant que le débiteur, au moment où s'est produit l'accident, n'était pas en faute, comme nous l'avons déjà vu, ou constitué en demeure, ce qui, aux yeux de la loi, est équivalent : *Qui in mora est, culpa non vacat*. Le débiteur en demeure est donc continuellement en faute.

Cependant nous voyons dans l'art. 1302 un tempérament à cette règle rigoureuse. Le débiteur chez qui la chose a péri par accident, alors même qu'il était constitué en demeure de la livrer, est libéré lorsqu'il peut prouver qu'elle aurait également péri chez le créancier, si elle lui eût été livrée. Sa faute est, en effet, étrangère à la perte de la chose, et la responsabilité manque de cause. Ce tempérament vient certainement du droit romain, quoique le contraire ait été soutenu par certains auteurs ; mais les textes l'établissent parfaitement. Du reste, cette doctrine n'était pas générale en droit romain ; car il y a des textes non moins explicites qui refusent ce bénéfice au débiteur, parce que, disent-ils, le créancier eût pu disposer de la chose et la mettre ainsi à l'abri du cas fortuit.

Il y a des cas où cette preuve ne serait point admise, et où le débiteur est constitué en demeure sans que les actes mentionnés dans l'article 1139 aient été accomplis. Le vol et la spoliation, en droit français comme en droit romain, ne nécessitent aucune interpellation; ils impliquent sommation par eux-mêmes. La possession du spoliateur et du voleur est une faute continuelle, et à chaque instant ils sont en demeure. Telles sont les dispositions de l'art. 1302, § 4, et quoiqu'il ne dise pas précisément que le voleur ne pourrait pas se libérer en prouvant que la chose aurait également péri chez le créancier, nous n'hésitons pas à nous ranger parmi ceux qui suivent ce mode d'interprétation rigoureuse.

C'est encore l'article 1302, § 3, qui formule la règle générale que nous aurons à appliquer en matière de preuve sur les risques et périls : « Le débiteur est tenu de prouver le cas fortuit qu'il allègue. » Ce sera au créancier à prouver l'événement qui l'a rendu créancier; c'est au débiteur à prouver l'événement qui l'a libéré de sa dette. Le créancier aura, lui, à prouver que le débiteur était en faute, ou qu'il avait été constitué en demeure d'exécuter son obligation. Telles sont les dispositions des articles 1302, 1147 et 1808, qui, d'après nous, contiennent la règle générale en cette matière.

M. Troplong soutient, au contraire, que l'art. 1808 est un article d'exception, et que l'on devra prendre comme règle générale l'article 1732, qui met à la charge du débiteur (locataire) de prouver non-seulement qu'il y a cas fortuit, mais encore qu'il n'y a pas

de sa faute, lorsque le corps certain a péri dans des
événements particuliers.

L'importance de cette question est immense, et
l'intérêt de cette discussion, à savoir, quelle est la règle et quelle est l'exception, est manifeste ; car la loi,
à part les art. 1302, 1315, 1147 et 1245, qui, posés en
principes généraux, peuvent aussi bien s'entendre
dans un sens que dans un autre, reste muette au sujet
du commodataire, du dépositaire, du gagiste, du vendeur et d'une foule d'autres débiteurs de corps certains, et n'est explicite qu'à l'égard du locataire et du
cheptelier ; dès lors, il est important de reconnaître
le principe, afin d'en faire l'application aux cas pour
lesquels une exception formelle n'a pas été édictée
dans la loi.

Nous n'hésitons pas à croire que l'art. 1732 est l'exception, et que l'art. 1808 doit former la règle générale,
et n'est que l'explication même de l'art. 1302. Ainsi
donc, sauf en matière de louage, le débiteur du corps
certain ne sera point tenu de prouver que le cas fortuit
est arrivé sans sa faute, et ce sera au créancier à prouver cette faute, si réellement elle existe ; alors les
juges auront plein pouvoir pour décider d'après les
circonstances. Pour démontrer la vérité de notre doctrine, nous nous appuierons surtout sur le caractère
particulier que le locataire d'immeubles a vis-à-vis du
propriétaire, caractère qui a dû nécessairement forcer
le législateur à sortir des principes ordinaires.

Ainsi, en principe, lorsque le corps certain qui
faisait l'objet d'une obligation vient à périr, l'obligation, d'après l'art. 1302, est éteinte ; mais il importe

peu que l'objet soit péri ou non par la faute du débiteur, quoi qu'en dise l'art. 1302; car l'article a voulu
dire par là que toute obligation n'était pas éteinte, en
cas de faute, pour le débiteur; mais quant à l'obligation
de rendre, il est bien évident que la seule impossibilité
de l'exécuter l'a éteinte. Tel est, selon nous, le sens
de l'art. 1302, conforme en cela, du reste, au droit
romain, qui, à cet égard, ne laisse aucun doute.

Il est donc bien établi que, du moment où le corps
certain qui faisait l'objet de l'obligation a péri par
suite de n'importe quelle cause, l'obligation de rendre
ce corps certain est éteinte. On ne doit pas, en principe,
des dommages et intérêts pour n'avoir pas exécuté
une obligation qui n'existe pas; si l'on ne doit plus
rendre, on ne peut être condamné pour n'avoir pas
rendu.

Il résulte de tout cela que le bailleur à cheptel ne
peut réclamer au cheptelier ni l'animal perdu, ni le
prix qui en serait la représentation, ni des dommages-
intérêts pour inexécution de sa part de l'obligation de
rendre, qui est éteinte. Il ne peut y avoir lieu à dommages-intérêts qu'à raison d'une faute imputable au
cheptelier; mais, dans ce cas, les principes mettent
la preuve de cette faute à la charge du bailleur, et
c'est ce qu'établit l'art. 1808 du Code Napoléon: « Le
bailleur est tenu de prouver la faute qu'il impute au
preneur. »

Prenons maintenant l'espèce du locataire dont l'immeuble vient d'être dévoré par un incendie, immeuble
qu'à la fin du bail le locataire devait rendre au propriétaire. Que pourra demander ce dernier? Il ne pourra

plus demander sa maison, qui n'existe plus ; l'obligation
de la rendre est éteinte. Il n'a non plus aucun titre, pour
demander des dommages et intérêts, que la faute du
locataire , qu'en principe il est tenu de prouver,
comme dans le cas précédent.

Mais nous devons reconnaître, d'autre part, qu'un
propriétaire qui loue sa maison se trouve dans l'impossibilité de connaître, et surtout de prouver les
fautes du locataire : il s'est démis de tout moyen de
surveillance ou de prévoyance, lorsqu'il a remis son
bien entre les mains du preneur. Il est donc juste, dès
lors, que la loi fasse fléchir en sa faveur des principes
trop rigoureux, et prenne en considération les néces-
sités de la pratique pour établir une présomption légale de faute contre le preneur.

Mais une présomption légale ne peut être qu'une
exception à la règle générale : l'art. 1733 sera donc une
exception.

Telle est la raison d'être de l'art. 1733, et si nous
consultons les monuments de la jurisprudence, nous
retrouvons partout la présomption de cet article jus-
tifiée par l'impossibilité d'une surveillance.

« Si cela n'était pas ainsi, dit Dulauri, dans son Re-
cueil d'arrêts du grand conseil de Malines, jamais
les locataires ne seraient responsables de l'incendie
des maisons qu'ils habitent, car il serait impossible de
prouver que le feu a pris par leur faute. Dans la maison, il n'y a ordinairement que le locataire, sa femme,
ses enfants et ses domestiques, qui n'auraient garde de
dire la vérité, et la diraient d'ailleurs en vain, puisque
leurs témoignages ne sont pas admissibles. »

Mais c'est principalement dans l'exposé des motifs de l'art. 1733 que l'on trouve cette Raison clairement exprimée. Voici comment le tribun Jaubert justifiait cet article devant le Corps législatif : « Ces règles sont sages, conservatrices de la propriété, à laquelle le bailleur n'a aucun moyen de veiller. Au reste, la loi n'établit qu'une présomption, qui peut être détruite par une preuve contraire; mais la présomption devait être établie contre le preneur, parce que, d'une part, le bailleur n'a aucun moyen de prévenir ni d'éviter l'accident, et que, de l'autre, les incendies arrivent ordinairement par la faute de ceux qui habitent la maison. »

Le législateur n'avait évidemment pas les mêmes craintes à avoir à l'égard du cheptelier, qui a autant d'intérêt que le propriétaire à conserver l'animal donné à cheptel, qui ne peut périr sans dommage pour l'un et pour l'autre. Le propriétaire est assez garanti par l'intérêt que le cheptelier a à la conservation de l'animal, et il est inutile d'établir contre lui la présomption que l'art. 1733 édicte contre le locataire. Aussi l'art. 1808 reste-t-il dans les principes, puisqu'il n'y a pas de motifs pour y déroger.

« Bien que l'incendie, dit M. Troplong, soit placé en général parmi les faits de force majeure, il faut convenir cependant qu'il n'est tel que lorsque la faute du détenteur de la chose ne l'a pas provoqué. Or, quelle est la position du preneur? C'est celle d'un débiteur qui, à un certain moment convenu, doit rendre au créancier, au bailleur, la chose qui lui a été confiée, et doit la lui rendre dans l'état où il l'a reçue. Il suit de là que si, au moment du payement, il la lui remet dégradée ou presque anéantie, il ne remplit pas son obligation, à moins qu'il ne fasse plier la puissance de cette obligation, qui milite contre lui, par la preuve de faits d'excuse de nature à l'exonérer. Nul doute, par conséquent, que la preuve de ces faits ne soit à sa charge ; la force des choses le dit hautement.

» Mais cette preuve, la fera-t-il complète et satisfactoire, en venant dire que le feu a dévoré la chose ? Non, car l'incendie provient aussi souvent de la faute que de la force majeure, et Paul n'a fait que proclamer une vérité établie par l'expérience de tous les temps et de tous les lieux, quand il a dit : *Incendium plerumque fit culpa inhabitantium.* Jusque-là donc le juge restera perplexe ; il hésitera entre la force majeure, qui est possible, et la faute, qui ne l'est pas moins, et dès lors il ne pourra délier le preneur de l'obligation de rendre qu'à la condition que, faisant faire à la preuve un pas de plus, celui-ci établira que le feu a été mis sans sa faute. Assurément, il me paraît difficile de ne pas se rendre à cette argumentation. »

En effet, tout cela est parfaitement logique et exact pour tout ce qui a rapport au louage d'immeubles ; mais cela devient inexact lorsque l'auteur veut l'appliquer à la vente.

« L'art. 1733 du Code civil, dit ailleurs le célèbre jurisconsulte, veut que l'incendie soit de droit imputable au locataire, et c'est à ce dernier à se décharger de cette responsabilité, en prouvant que le feu a été mis sans sa faute, par suite d'un éclat de tonnerre,

d'un vice de construction ou d'une communication de
la maison voisine. N'est-ce pas là l'application des
principes consacrés par les art. 1302 et 1245? Et cette
analogie est d'autant plus grave, que, comme le vendeur, le preneur est tenu d'user de la chose en bon
père de famille ; que, comme le vendeur, il est obligé
de la rendre telle qu'elle était lors du contrat; qu'enfin,
comme le vendeur, il ne répond que de la faute légère.
Pourquoi donc lui imputer l'incendie ? Parce que,
d'après l'art. 1302, il doit prouver le cas fortuit, et
qu'il n'y a preuve d'accident qu'autant qu'il est démontré qu'il n'y a pas faute ; parce que, d'après l'art. 1245,
c'est au détenteur à prouver qu'il est exempt de négligence. »

Ainsi donc, cette doctrine peut se résumer : le preneur ou tout détenteur quelconque est obligé de
rendre la chose dans l'état où il l'a reçue. Or celui
qui veut se faire relever d'une obligation doit prouver
des faits d'excuse qui soient de nature à l'exonérer.
Donc le preneur ou tout détenteur quelconque qui
veut se faire relever de l'obligation de rendre, doit
prouver qu'il n'y a pas faute de sa part.

Cette doctrine, appliquée à tous les cas, serait à la
fois dangereuse et contraire au droit. Pour punir plus
sûrement quelques coupables, on s'exposerait, en
généralisant la présomption de l'art. 1733, à con-
sommer la ruine d'un grand nombre d'innocents. On
comprend cette présomption dans le cas prévu par
notre article ; mais, en principe, il serait exorbitant
de condamner tout débiteur de corps certain parce
qu'il ne prouverait pas son innocence. Le Code Na-

poléon i'a compris au sujet du cheptel, et nous pensons que, dans l'intention du législateur, l'art. 1733 n'est qu'une dérogation exceptionnelle aux principes généraux du droit. Nous croyons qu'il nous sera facile de le démontrer.

En effet, les événements qui occasionnent la perte des choses peuvent se diviser en trois catégories : les événements qui sont toujours fortuits et qui ne dépendent d'aucune volonté : pour ceux-là, il est bien évident que, quels que soient les résultats de l'accident, le débiteur est libéré par cela seul qu'il prouve que l'événement a eu lieu ; les événements qui sont toujours la suite d'une faute ou d'un fait imputable : dans ce cas, il y a toujours lieu à réparation, pourvu que le créancier prouve l'événement qui rend le débiteur responsable. Enfin il y a les événements qui sont tantôt le résultat d'une force majeure et tantôt la suite d'une faute. Dans ce dernier cas, il y a incertitude : si le débiteur est coupable, il doit réparation ; s'il est innocent, il doit être libéré.

Prenons maintenant le cas du cheptelier, et nous allons voir que nous arriverons directement aux conséquences de l'art. 1808, ce qui prouvera évidemment que c'est là un article de droit commun.

La perte de l'animal que le cheptelier est obligé de rendre à la fin du bail, pour en partager le croît avec le propriétaire, peut être aussi bien le résultat d'une faute que d'un cas fortuit. S'il y a cas fortuit, il en serait comme des événements de la première catégorie. Devant la perte par force majeure, le créancier resterait sans aucune ressource. Si, au contraire, il était certain que la perte de l'animal eût été causée par une faute du cheptelier, il en serait comme des événements de la seconde catégorie. Il actionnerait le preneur en justice, non pour lui demander l'animal qui n'existe plus, mais pour se faire payer une somme d'argent à titre de dommages et intérêts dus pour la réparation de la faute du cheptelier.

Mais il y a doute, et l'on ne sait si la perte doit être imputée à la faute ou au cas fortuit. En ce cas, si nous suivons la doctrine que nous réfutons, il faut que le bailleur revendique l'animal dont il est propriétaire, et que le preneur, obligé de le rendre, à la fin du bail, dans l'état où il l'a reçu, soit condamné à des dommages et intérêts, s'il ne remplit pas son obligation ou s'il ne prouve pas qu'il n'y a nullement de sa faute. Or, à cette action ainsi engagée, le preneur pourra répondre qu'il lui est impossible de rendre l'animal, car il ne peut donner une chose qui n'existe pas. Le jugement qui l'y condamnerait ordonnerait, en effet, une impossibilité, et l'on ne peut admettre que l'on puisse demander et ordonner l'impossible. On ne peut exiger, non plus, que le preneur rende le prix ou la représentation de l'animal, car ni la loi ni la convention des parties n'imposent cette obligation. Il n'appartient pas d'ailleurs au bailleur de transformer ainsi une obligation de rendre un corps certain qui n'existe plus, en une obligation de somme d'argent. Or cette somme d'argent ne peut être due comme dommages et intérêts, car l'obligation de rendre l'objet est éteinte, aux termes de l'article 1302, comme nous l'avons vu ci-dessus.

10

Il s'agit donc de légitimer cette demande en dommages et intérêts de la part du demandeur. C'est donc à lui à formuler en vertu de quel titre il forme cette demande, et à dire par suite de quel délit ou de quel quasi-délit il a souffert un préjudice. Sur ce point, les principes sont formels : il doit prouver la faute.

Nous voyons donc qu'il est impossible d'admettre d'autre doctrine. Le droit romain et la jurisprudence française, en partie, sont d'accord avec nous pour astreindre le débiteur à prouver la perte, mais sans qu'il ait à en rechercher la cause.

CHAPITRE II.

DES RISQUES ET PÉRILS DANS LES CONTRATS.

§ Ier.

De la vente.

Nous avons vu 'que la disposition par laquelle le Code Napoléon déclare l'acheteur propriétaire vis-à-vis du vendeur, dès que le contrat est parfait, est due incontestablement à la préoccupation du législateur de faire rentrer le contrat de vente sous la règle : *Res perit domino.* Par conséquent, il est bien évident pour tous que le droit français a suivi les principes du droit romain, et que dans la vente pure et simple les risques et périls de la chose vendue seront supportés par l'acheteur. Nous avons traité en droit romain, sans oser la résoudre complétement, la question de savoir si cette attribution des risques à l'acheteur était conforme aux principes de l'équité. Pothier trouvait de grandes difficultés à donner une solution de cette question; et nous sommes d'autant plus porté à imiter cette réserve, que certaines législations modernes ont consacré des systèmes contraires. C'est ainsi que, d'après le Code autrichien, §§ 1048-1071, la vente est résolue par la perte fortuite de la chose avant la tradition. Le Code prussien, tit. V, § 364, et le Code civil de Berne (art. 808), s'ils ne s'accordent pas en tout point, font pourtant également supporter le risque au vendeur. Nous avons vu, dans le chapitre précédent, que, même dans le Code Napoléon, on pourrait soutenir, à la rigueur, qu'aucune disposition formelle n'oblige l'acheteur à payer le prix, dans le cas où la chose a péri fortuitement avant la livraison ; et si l'on n'avait à consulter que le texte des articles relatifs à cette question, on pourrait sérieusement douter de l'intention du législateur. C'est donc dans l'exposé des motifs de ces articles que cette intention s'est clairement manifestée.

Le Code Napoléon s'est écarté cependant de la théorie romaine dans les ventes conditionnelles. Nous avons fait déjà remarquer qu'une fausse interprétation de la règle *Res perit domino* avait inspiré le législateur dans la rédaction de l'art. 1182, où il fait supporter au vendeur le risque des détériorations, au mépris du principe même qu'il venait de poser dans l'article 1179.

Ce n'est pas seulement dans les ventes conditionnelles que les risques sont supportés par le vendeur, mais encore dans les ventes faites au poids, au compte et à la mesure, comme le dit l'art. 1585 :

« Lorsque des marchandises ne sont pas vendues en bloc, mais au poids, au compte ou à la mesure, la vente n'est pas parfaite, en ce sens que les choses vendues sont aux risques du vendeur jusqu'à ce qu'elles soient pesées, comptées ou mesurées ; mais l'acheteur peut en demander ou la délivrance ou des dommages-intérêts, s'il y a lieu, en cas d'inexécution de l'engagement. »

Nous croyons par là qu'il faudra soigneusement distinguer ces ventes au poids, au compte ou à la mesure, des ventes en bloc, puisque nous voyons par l'art. 1586 que ces opérations peuvent aussi intervenir dans ces dernières.

Il y aura vente au poids, au compte ou à la mesure dans les cas suivants :

1° Quand les choses ne sont vendues ni en masse, ni pour un seul prix : par exemple, lorsqu'on vend cent kilogrammes de sucre qu'on a dans un magasin, à deux francs le kilogramme; cent moutons à prendre dans un troupeau, à vingt-cinq francs par tête; cent décalitres du vin de cette cuve, à vingt francs le décalitre;

2° Lorsque la condition d'unité d'objet n'existe pas, alors même que l'unité de prix serait déterminée : par exemple, lorsqu'on vend pour deux cents francs cent kilogrammes de sucre; pour deux mille cinq cents francs, cent moutons à prendre dans un troupeau; pour deux mille francs, cent décalitres du vin de cette cuve;

3° Lorsque c'est la condition d'unité de prix qui manque, quoique les choses qui font l'objet de la vente soient indiquées en masse : par exemple, lorsqu'on vend à deux francs le kilogramme tel lot de sucre qui se trouve dans un magasin; un troupeau à vingt-cinq francs par tête; telle cuve de vin à vingt francs le décalitre. C'est dans cette dernière sorte de vente que quelques auteurs ont voulu voir une vente en bloc, une vente d'objet certain et déterminé, par cela seul que les choses étaient indiquées; mais cette opinion est inadmissible, comme nous le verrons en traitant les risques et périls dans la vente en bloc.

Ici se présente une question sans importance dans la pratique, puisque tous les auteurs sont d'accord sur l'effet, mais qui, en théorie, a divisé presque tous les jurisconsultes : c'est la question de savoir si le principe de l'art. 1585, qui met les risques à la charge du vendeur, est une exception à la règle *Res perit domino*, ou si ce n'est, au contraire, qu'une application de cette règle ; en d'autres termes, si la vente au poids, au compte ou à la mesure transfère ou non la propriété de la chose vendue par le seul effet de l'obligation.

Trois systèmes principaux se trouvent en présence. La plupart des auteurs et la cour de cassation entendent restrictivement l'art. 1585, et veulent que la vente à la mesure ne soit imparfaite que dans le sens qu'elle met à la charge du vendeur les risques de la chose vendue ; mais, quant à la translation de la propriété, elle s'opère toujours, disent-ils, à l'instant même du contrat, aussi bien que dans la vente en bloc.

Un second système enseigne que la vente à la mesure n'opère pas plus la translation de la propriété que la mise aux risques de l'acheteur, et que si le second effet lui est expressément refusé par la loi, c'est comme conséquence directe de l'absence du premier.

Un troisième système fait une distinction d'après laquelle la vente à la mesure, quoique n'opérant jamais la transmission des risques, opérerait dans certains cas, mais non dans d'autres, la transmission de la propriété.

De ces trois systèmes, le dernier doit tout d'abord être écarté. Il est évident que la loi n'a pas posé deux règles différentes dans l'art. 1585 : ce serait donc refaire la loi, au lieu de l'expliquer. Le Code dit : *la vente n'est pas parfaite*, en un sens qu'il a cru préciser, tandis qu'il a laissé ce point discutable. On peut discuter le sens du mot *parfaite*; mais le sens de ce mot doit être unique, et une fois que la discussion aura fixé la portée de cette règle, et quand une fois on aura décidé dans quel sens le législateur a voulu dire que la vente à la mesure n'était pas parfaite, il est clair que toute vente faite à la mesure devra recevoir l'application de cette règle. Il est donc impossible de faire une distinction, comme veut le faire M. Duvergier, en se fondant sur ces paroles du tribun Grenier : « Dans le second cas (celui de la vente à la mesure), disait cet orateur, l'acheteur ne peut devenir propriétaire des marchandises que lorsqu'elles auront été pesées, comptées ou mesurées, car jusque-là rien n'est déterminé; et tant qu'il n'y a rien de déterminé, les marchandises restent aux risques du vendeur. » « Si donc, ajoute M. Duvergier, quelque chose est déterminé, la raison d'après laquelle M. Grenier prononce n'existe plus. »

Nous devons donc choisir maintenant entre les deux premiers systèmes : celui de la majorité des auteurs nous paraît aussi devoir être écarté. D'abord, nous avons pour cela les mêmes raisons que nous venons de donner, car il y a évidemment des cas où la propriété ne peut être transféréé par la force même des choses. Ainsi, lorsqu'on vend dix, vingt, trente moutons à prendre dans un troupeau de cent têtes, quelle que soit la personne qui ait le droit de choisir, il est bien évident que l'acheteur ne pourrait pas devenir propriétaire, puisque personne ne connaît encore les moutons que l'acheteur prendra. Par conséquent, poser en principe que ces sortes de ventes transmettent la propriété et ne sont imparfaites qu'en ce qui concerne les risques, ce serait formuler une règle impossible dans la plupart des circonstances. D'ailleurs, pour nous, nous trouvons la pensée du législateur trop clairement exprimée, pour que nous ayons aucun doute à cet égard. On voit que, dans cet article, il était préoccupé de la question de savoir si l'obligation de peser, mesurer ou compter, pourrait être menée à exécution par l'acheteur ou le vendeur, et c'est à ce point de vue-là qu'il a décidé que la vente était parfaite, c'est-à-dire que si la convention de vente n'est pas parfaite en ce sens qu'elle ne transfère pas la propriété et ne met pas les choses aux risques de l'acheteur, elle n'en est pas moins parfaite en ce sens qu'elle lie les parties dès le moment du contrat. Cette interprétation ressort clairement des travaux préparatoires du Code Napoléon.

Ainsi donc, le second système est le seul qui puisse être adopté ; seulement nous ne croyons pas, comme M. Troplong, auteur de ce système, que ce soit parce que la vente est faite sous une condition suspensive, que la vente ne transfère pas la propriété. Le Code Napoléon ne prononce pas le mot condition à propos de la vente à la mesure ; il a soin, au contraire, de l'écrire dans l'article 1588, lorsqu'il traite de la vente à l'essai. La stipulation de pesage, compte ou mesurage, ne constitue pas évidemment une condition dans le sens des articles 1168 et 1181. Le droit romain, en disant que ces ventes étaient faites *quasi sub conditione*, faisait une différence entre les ventes à la mesure et les ventes conditionnelles. Les effets seuls étaient les mêmes. Nous pensons donc que si les ventes à la mesure ne transfèrent pas la propriété, c'est que tantôt le prix, tantôt l'objet, tantôt et le prix et l'objet de la vente sont indéterminés, et que, par suite, ce sont des obligations non pas de corps certains, mais de genre, dans lesquelles la propriété ne peut être transférée que par la tradition ou la détermination de l'objet de l'obligation.

Dès que l'opération qui arrêtait la perfection de la vente aura été faite, la propriété passera sur la tête de l'acheteur en même temps que les risques, lors même que les choses resteraient en la possession du vendeur. Si l'acheteur s'était mis en possession de la chose non mesurée, nous croyons que ce serait là une convention tacite de prendre les risques à sa charge. Si la chose avait péri depuis la mise en demeure de l'acheteur de faire opérer le mesurage, pourrons-nous dire que le risque est passé sur la tête de l'acheteur ? Non, évidemment ; car l'acheteur ne saurait devenir responsable du risque, puisque la vente n'était pas encore parfaite ; mais il pourra être condamné à des dommages et intérêts, que les juges pourront porter à la valeur des choses péries. La pro-

position de M. Duranton, qui fait passer le péril sur
la tête de l'acheteur à partir de la mise en demeure,
et qui, par suite, lui fait toujours supporter des dommages et intérêts égaux à la valeur des marchandises,
nous paraît donc erronée.

Il y a vente en bloc, avons-nous dit, lorsqu'on vend
pour un seul prix une seule chose prise en masse,
ou encore quand, à une chose considérée en masse et
pour un seul prix, on ajoute la mesure qu'elle est présumée contenir. Dans ce cas, la mesure n'est indiquée que pour forcer le vendeur à faire raison de ce
qui se trouvera en moins, comme l'a jugé la Cour de
cassation. Dans cette sorte de vente, les risques passent sur la tête de l'acheteur dès le moment de la
vente; il sera donc important de reconnaître lorsqu'il y aura vente en bloc ou vente à la mesure. Nous
avons indiqué la controverse qui existait à cet égard.
Voët pensait qu'il y avait vente en bloc, si l'on vend
tout le vin qui est dans une cuve à tant la mesure. Le
mesurage n'est alors qu'un moyen de reconnaître la
quantité vendue purement et simplement, qui forme
par elle-même un corps certain avant le mesurage,
puisque c'est toute celle qui est contenue dans le
tonneau.

Charondas enseignait une opinion conforme, et, par
arrêt du Parlement de Paris du 15 juillet 1560, il fut
jugé, dans une espèce semblable, que les risques seraient pour l'acheteur avant le mesurage. Dans les
discussions du Conseil d'État, M. Treilhard souleva
la question et la décida dans le même sens, par les
raisons suivantes : « L'article, tel qu'il est rédigé, n'est

peut-être pas parfaitement exact ; car, si l'on achète tout ce qui se trouve dans un magasin à raison de tant la mesure, il ne reste d'incertitude que sur la quotité ; la chose et le prix sont déterminés. » M. Cambacérès déclara partager cette opinion.

Malgré ces autorités, nous croyons préférable l'opinion contraire de Pothier, qui s'appuie sur des textes positifs du droit romain. D'ailleurs les raisons de M. Treilhard sont loin d'être concluantes. Le prix est incertain tant que le mesurage n'a pas fait connaître cette quotité indéterminée. Cette incertitude du prix laisse donc incertaine l'obligation corrélative du vendeur. Il est clair, en outre, que la chose n'est pas assez certaine pour passer aux risques de l'acheteur. Sans doute cette chose est précisée quant au lieu qui la contient, mais la quantité n'est pas certaine. En effet, la quantité peut diminuer d'une façon quelconque, et l'acheteur, en voulant qu'on divisât cette quantité en parties distinctes, n'a évidemment pas voulu par là autre chose que s'épargner les risques.

Dans la vente *ad gustum*, en droit romain, si la chose vendue est un corps certain, par exemple une pièce de vin déterminée, le risque et péril de la chose même passe à l'acheteur à partir du contrat. Le risque de l'acidité ou de la corruption demeurait seul à la charge du vendeur jusqu'au jour de la dégustation. Le Code Napoléon n'a pas suivi sur ce point le droit romain. Sans distinguer si les choses qu'on a l'habitude de déguster ont été vendues en bloc, au poids ou à la mesure, l'article 1587 met à la charge du

vendeur tout le risque et péril jusqu'au jour de la dégustation.

Nous allons voir cependant qu'il y a nécessairement
des exceptions à ce dernier principe, en examinant
dans quel cas la vente avec dégustation peut se produire.

La vente peut avoir été faite avec la clause que l'on
s'en remettra au goût privé de l'acheteur; c'est alors
une vente sous condition potestative de la part de l'a-
cheteur. Dans ce cas, l'acheteur n'étant pas même
lié, il est bien évident que les risques seront pour le
vendeur jusqu'à l'approbation de l'acheteur.

On peut aussi décider que la dégustation sera faite
par des experts, c'est-à-dire que la marchandise devra
satisfaire un goût loyal et commun. La vente, dans ce
cas, est encore conditionnelle ; la perte sera pour le
vendeur jusqu'à la dégustation ; mais, après la dégustation de la marchandise jugée bonne et loyale, comme
l'acheteur ne peut plus se départir du contrat, il supportera les risques, s'il s'agit d'un corps certain.

L'acheteur pourrait même être tenu des risques
avant la dégustation, s'il résultait des circonstances
que cette opération n'est pas une condition suspensive de la vente, et qu'elle n'est qu'un moyen de constater qu'il n'y a pas eu erreur sur la qualité, à la condition toutefois pour le vendeur d'établir que la chose
était de la qualité convenue.

La vente à l'essai était contractée, en droit romain,
tantôt sous condition résolutoire, et tantôt sous condition suspensive, suivant les termes dont s'étaient

servies les parties contractantes. Le Code Napoléon
n'a point suivi cette doctrine, et a déclaré, dans l'article 1588, que la vente à l'essai serait toujours présumée faite sous condition suspensive. Par conséquent, les risques seront toujours pour le vendeur,
qui se trouvera seul obligé, puisque la vente est contractée sous une condition potestative de la part de
l'acheteur. Il est vrai que cette présomption de la loi
pourra cesser devant une stipulation expresse de vente
à l'essai sous condition résolutoire. Dans ce cas, les
risques seront pour l'acheteur, s'il y a perte totale ; les
risques partiels se trouveraient, au contraire, à la
charge du vendeur, puisque, tant que la chose existe,
l'acheteur pourrait se départir du contrat.

« Si la vente d'un immeuble, dit l'art. 1617, a été
faite avec indication de la contenance, à raison de
tant la mesure, le vendeur est obligé de délivrer à
l'acquéreur, s'il l'exige, la quantité indiquée au contrat.

» Et si la chose ne lui est pas possible, ou si l'acquéreur ne l'exige pas, le vendeur est obligé de souffrir
une diminution proportionnelle du prix. »

Sommes-nous, dans cet article, en présence d'une
vente de corps certain ou d'une vente d'immeuble
faite à la mesure ? Devrons-nous appliquer les principes de l'article 1585 ou ceux de l'article 1583 ? Les
risques sont-ils à la charge du vendeur ou à la charge
de l'acheteur ? Telles sont les questions que soulève
l'article 1617, questions qui sont les conséquences les
unes des autres, et la première résolue donnera en
même temps la solution des autres.

Si l'on ne consultait que les discussions de cet article devant le Conseil d'Etat, on pourrait supposer que jamais l'article 1585 n'est applicable aux ventes d'immeubles, et que ses dispositions ne concernent que les ventes de marchandises. Cependant il est incontestable que ce principe serait trop exagéré. Ainsi, lorsqu'on achète tant d'arpents à prendre dans un champ, à tant par arpent, c'est une vente à la mesure, et certainement la chose n'est pas aux risques de l'acheteur; la perte retombe sur le vendeur tout aussi bien que dans la vente de marchandises au poids, au compte ou à la mesure.

Mais ce n'est point une hypothèse semblable que fait l'article 1617; c'est un corps certain qui est l'objet du contrat: un domaine, un pré, dont on a énoncé la contenance, et qui a été vendu pour un prix unique, en ajoutant cependant que chaque mesure sera payée tant. Rien n'est inconnu; le prix et la contenance sont tous les deux déterminés. Par conséquent, l'opinion manifestée au Conseil d'Etat doit être adoptée, d'autant plus qu'elle se soutient par d'imposantes autorités.

On voit dans Pothier que toutes les fois qu'un immeuble se présente comme corps certain, ayant des limites indépendantes du mesurage, la vente est considérée comme pure et simple, lors même que l'obligation de mesurer la contenance y a été expressément indiquée. Cette opinion trouvait cependant de nombreux contradicteurs. Nous avons parlé déjà, dans notre dissertation de droit romain, de cette importante controverse. Bartole, Godefroid, Brunemann, faisaient supporter les risques au vendeur, par suite d'une fausse interprétation d'un texte d'Ulpien. (Loi 10, Dig., *de peric. et com. rei venditæ.)*

La question est encore controversée sous le Code Napoléon. M. Duranton admet sans discussion que, si le fonds vient à être enlevé en tout ou en partie, la perte sera pour le vendeur. Nous ne croyons pas que cette opinion soit fondée.

Dans la vente qui nous occupe, la clause de mesurage n'a pas pour objet de faire savoir ce qui a été vendu. La chose forme un corps certain, contenu dans des limites déterminées, et dont toutes les parties, sans exception, sont comprises dans le contrat. Sans doute le prix n'est pas invariable; le mesurage peut faire modifier en moins ou en plus les énonciations portées au contrat. Cependant ce n'est pas là une énonciation sans valeur, puisque l'art. 1618 autorise l'acheteur à se désister du contrat, dans le cas où ce prix deviendrait plus élevé. L'acheteur a donc traité sur une base sérieuse, sur laquelle il a mesuré ses facultés et s'est déterminé à l'achat. La clause de mesurage n'a été prescrite que comme moyen de contrôler les assertions du vendeur. Ainsi donc, rien n'est indéterminé; les trois éléments de la vente se trouvent en concours dans notre espèce. Le mesurage n'est qu'une simple faculté, prescriptible, d'après l'art. 1622, par le délai d'un an, introduite pour rectifier des erreurs de calcul. Il est d'ailleurs si vrai, dans l'esprit du Code Napoléon, que la vente est parfaite, que, dans ce même art. 1622, il accorde à l'acheteur une action en résiliation de la vente, dans le cas où le prix se trouve excéder un vingtième du prix énoncé primitivement ; or une action en résiliation suppose toujours un contrat parfait.

Ainsi donc, que l'acheteur ait pris possession du terrain vendu avant ou après le mesurage, il aura toujours à supporter les risques, quels qu'ils soient, c'est-à-dire dans le cas de perte partielle et dans le cas de perte totale. Supposons, en effet, le cas où l'acheteur n'a pas encore pris possession avant le mesurage, et que l'immeuble périsse en entier avant cette opération ; l'acheteur sera-t-il admis à dire qu'il n'avait acheté qu'à la condition qu'il pourrait mesurer ; que la perte de la chose l'ayant mis dans l'impossibilité de constater ce qu'il devait, il est entièrement dégagé de son obligation ? Nous ne le croyons pas, et l'acheteur devra payer le prix.

D'abord nous retrouvons ici la raison que nous faisions valoir, c'est-à-dire que la clause de mesurage n'a trait qu'aux erreurs de contenance, et non pas aux événements de force majeure qui, depuis la vente, ont changé l'état des lieux. Le vendeur a abdiqué, en faveur de l'acheteur, ses droits sur une chose certaine, par suite d'un contrat dans lequel rien n'était indéterminé ; il est donc juste qu'un fait postérieur et imprévu ne le prive pas du prix sur lequel il a dû compter. Vainement l'acheteur se plaindrait-il de ce qu'il ne peut faire le mesurage, et qu'il est exposé à payer plus que la véritable contenance l'exigeait, puisqu'il serait possible que, de fait, le domaine vendu ait eu moins d'étendue que celle qui a été déclarée. On peut répondre que si, d'une part, il est exposé à payer plus, le vendeur peut craindre, de son côté, d'avoir fixé un prix inférieur à la véritable contenance. Ainsi, il y a égalité de chances et de craintes ; il est donc à la fois équitable et juridique de faire supporter les risques à l'acheteur.

Enfin, ce qui nous confirme encore plus dans notre opinion, outre les discussions au conseil d'État, c'est que le Code, si explicite dans l'art. 1585, n'ouvre à l'acheteur qu'une action en diminution de prix ou en résolution, si la contenance est trop forte, sans mentionner aucun droit pour lui qui puisse l'exempter de payer le prix en totalité, dans le cas de perte. Telles sont les raisons qui nous poussent à adopter l'opinion de Pothier, confirmée, du reste, par un grand nombre de commentateurs du Code Napoléon.

Lorsque l'acheteur est évincé de l'immemble qui lui a été vendu, il a un recours en garantie contre son vendeur. Dans ce recours, devons-nous comprendre les risques et périls de la chose ? en d'autres termes, sera-ce le vendeur ou l'acheteur qui sera obligé de les supporter ?

« Lorsqu'à l'époque de l'éviction, porte l'art. 1631, la chose vendue se trouve diminuée de valeur ou considérablement détériorée, soit par la négligence de l'acheteur, soit par des accidents de force majeure, le vendeur n'en est pas moins tenu de restituer la totalité du prix. »

D'après cet article, nous voyons que les risques sont toujours pour le vendeur, puisqu'il doit restituer la totalité du prix, quand même la chose aurait été détériorée par force majeure, ou même par la négligence

11

de l'acheteur. Au premier coup d'œil, ce principe peut paraître contraire à la règle *Res perit domino*. Les anciens interprètes n'avaient pas manqué de poser cette objection, qui n'est qu'une pétition de principes, car il est évident que l'acheteur n'a entendu payer son prix et accepter les risques qu'autant qu'on le rendrait propriétaire. L'art. 1631 est donc une interprétation équitable de la volonté des parties : il serait absurde que le vendeur pût gagner une partie du prix dans une opération dans laquelle il a trompé l'acheteur.

Par la même raison, et nous dirons même *à fortiori*, la totalité du prix serait également due, quoique, lors de l'éviction, une partie de la chose eût péri, comme si, par exemple, le tiers ou le quart d'un domaine voisin d'un fleuve avait été enlevé par la violence des eaux. Pothier décidait le contraire. Il faut avouer que la question était fort compliquée dans l'ancien droit. Papinien, sur une loi duquel se fondait la discussion, décide d'une façon dans un cas, puis, dans un autre, décide tout le contraire. Ainsi, dans le cas d'éviction partielle, il met les risques à la charge de l'acheteur : *Stipulatio duplæ, pro parte quinta, non quarta præstabitur; nam quod periit, damnum emptori, non venditori attulit* (loi 64, Dig., *de evictionibus*). Cette proposition, dont nous croyons avoir démontré la fausseté, avait été expliquée et adoptée par Pothier. Dans le cas de détérioration et de diminution de valeur, on décidait autrement par la même raison, parce que, dans ce cas, disait Pothier, j'ai véritablement souffert éviction du quart de la chose qui m'a été vendue, et que le vendeur n'ayant pu remplir pour ce quart l'obligation qu'il avait contractée de m'en faire jouir, il n'est pas en droit de retenir le prix de ce quart. Dans le cas d'éviction totale, Papinien décide que, lorsqu'il y a perte partielle, le vendeur est tenu de l'éviction pour le total : *Si totus fundus quem flumen diminuerat evictus sit jure, non diminuetur evictionis obligatio, non magis quam si fundus deterior factus sit*. En présence de cette contradiction, Pothier était resté fidèle à sa première opinion, et trouvait qu'il y avait mêmes raisons de décider pareillement dans les deux cas.

Devons-nous considérer la question comme résolue par l'article 1631? Oui, si nous en croyons M. Troplong; non, si nous consultons M. Marcadé. D'après ce dernier, l'article 1631 ne s'occuperait que du cas où la chose continue à subsister en entier, tandis que le premier, tout en trouvant la doctrine de Pothier assez équitable, croit que l'article s'occupe précisément du cas de perte partielle de la chose. Cette controverse, peu importante, puisqu'il ne s'agit que d'une question de mots, amène les deux jurisconsultes à la même solution; mais, si l'art. 1631 n'a pas prévu le cas qui nous occupe, nous croyons, avec M. Marcadé, que cette solution rentre évidemment dans l'esprit de la loi, puisqu'on ne saurait traiter le vendeur plus avantageusement, ni l'acheteur plus durement, dans le cas de perte d'une partie de la chose que dans le cas de détérioration résultant de la négligence même de l'acheteur.

Il y a des exceptions à ce principe de garantie de l'éviction, en ce sens qu'il est certaines évictions dont le vendeur n'est point tenu, à moins d'une clause spéciale, par exemple les évictions qui proviendraient d'une cause postérieure au contrat de vente, telle que force majeure, fait du prince. De même, si la clause de garantie peut être étendue, elle peut aussi être restreinte. Ainsi l'acheteur pourra convenir, s'il le veut, qu'il achète sans garantie; mais, dans ce cas, le vendeur n'en serait pas moins tenu, en cas d'éviction, de restituer le prix qu'il a reçu; il n'y aurait donc pour lui d'avantage qu'au point de vue du recours en dommages et intérêts, que l'acheteur ne pourrait pas intenter contre lui : ce ne serait que dans le cas où l'acheteur a déclaré contracter expressément à ses risques et périls que le vendeur est déchargé de toute obligation de garantie, sauf toutefois de ses faits personnels.

Il y a lieu à la garantie non-seulement en cas d'éviction, mais encore dans le cas où la chose vendue est atteinte d'un vice rédhibitoire. Lorsque la chose a péri par suite de ses vices, elle périt pour le vendeur. Lorsque la chose vendue, atteinte d'un de ces vices cachés, a été mise en possession de l'acheteur, et qu'elle vient à périr entre ses mains par cas fortuit, les risques devront être évidemment pour l'acheteur, qui est propriétaire: *Res perit domino.* C'est, du reste, ce que décide l'art. 1647, § 2, qui est ainsi conçu : « Mais la perte arrivée par cas fortuit sera pour le compte de l'acheteur. » Cette disposition, prise à la lettre, semble dire que la garantie cesse si la chose périt par un cas fortuit ou force majeure, en un mot par toute autre cause que le vice dont elle était atteinte. Tel est, du moins, le sens que les auteurs

attribuent à ce texte ; les uns l'approuvent et le justifient en disant que l'acheteur ne subit aucun préjudice, puisque la chose eût péri alors même qu'elle eût
été de bonne qualité ; les autres, avec raison, ne trouvent point ce motif suffisant pour que le vendeur
garde en totalité le prix d'une chose qui valait beaucoup moins que la somme pour laquelle il l'avait
vendue ; mais ils reconnaissent en même temps que
ce principe est fondé sur le désir d'éviter les procès
en garantie et les difficultés que présenterait la preuve
de l'existence du vice avant la vente.

S'il était réellement impossible de donner une
autre interprétation de cette disposition de l'art. 1647,
on ne saurait s'élever avec trop de force contre une
semblable iniquité. Le cas fortuit, ce coup du hasard
indépendant de toute volonté humaine, ne fait qu'a-
vancer la perte de l'objet vendu, qui portait en lui le
germe de sa ruine ; il détruit aujourd'hui ce qui, par
son propre vice, était destiné à périr bientôt, une chose
dépourvue de valeur. Évidemment, une chose non
atteinte du vice eût également péri par le même accident ; mais ce n'est pas là une raison pour que le
vendeur, qui a manqué à son obligation, en profite : il
devait transférer une chose saine et bonne, et il n'a
vendu qu'une chose inutile. Pourquoi la garantie, qui
est la conséquence et la sanction de l'exécution
loyale des engagements, ne produirait-elle pas son
effet, lorsque le principe existe ? Le vendeur profitera
donc de sa faute et des manœuvres qu'il a peut-être
employées pour vendre la chose. Il pourra impuné-
ment s'enrichir aux dépens d'autrui, en recevant un

prix qui ne devait être que l'équivalent d'une possession utile, qu'il s'était engagé à donner et qu'il n'a pas donnée.

Ce résultat paraît inacceptable ; et, en effet, nous ne voyons nullement qu'il soit commandé d'une manière absolue par les termes de l'article. A cette interprétation, qui nous semble judaïque, et qui produit des conséquences désastreuses, nous préférons un système enseigné par un savant professeur que la Faculté de droit de Paris a récemment perdu, M. Oudot. Ce système, tout en respectant la lettre du Code, est plus conforme aux principes du droit et de l'équité. Nous savons, en effet, que la loi laisse à l'acheteur d'un objet entaché d'un vice rédhibitoire deux actions : l'action rédhibitoire, au moyen de laquelle il peut faire résilier le contrat, et l'action estimatoire ou *quanti minoris*, qui lui sert à demander une réduction de prix, dans le cas où il préfère garder la chose. Il est bien évident que l'article 1647, § 2, supprime l'action rédhibitoire ; il est impossible de résilier un contrat dont l'objet n'existe plus ; ce serait d'ailleurs mettre les risques à la charge d'un autre que le propriétaire. Mais, si l'action rédhibitoire est impossible, il n'en est pas de même de l'action estimatoire, que l'article 1647, § 2, laisse parfaitement à l'acheteur le droit d'intenter.

Prenons un exemple : J'ai acheté 1,000 fr. des étoffes atteintes d'un vice rédhibitoire que j'ignorais, et qui réduit leur valeur de moitié. Ces étoffes sont détruites par un accident qui me fait connaître ce vice. — « La perte, dit le Code, sera pour l'acheteur. »

Qu'a détruit le cas fortuit ? Des étoffes valant cinq cents francs , voilà la perte. La valeur réelle des étoffes au moment où elles ont péri, voilà ce que l'art. 1647 met à la charge de l'acheteur. Il n'a pas l'action rédhibitoire pour se faire restituer la totalité du prix , puisqu'il ne peut rien rendre en échange. Le contrat subsiste donc ; mais, par l'action *quanti minoris*, il pourra se faire rendre l'excédant du prix sur la valeur réelle : dans l'espèce, les 500 francs que le vendeur a reçus sans cause ; de sorte que celui-ci ne gardera que la portion du prix correspondant à la valeur réelle de la chose vicieuse, seule valeur à laquelle il ait légitimement droit.

Non-seulement ce système est plus conforme à l'équité et plus en harmonie avec l'ensemble des dispositions du Code, mais il a encore pour lui l'histoire. En droit romain, la perte par cas fortuit était complétement assimilée à la perte de la chose par suite de son vice ; le vendeur n'était pas plus déchargé de la garantie dans un cas que dans l'autre ; et le jurisconsulte Paul disait, sans aucune distinction : *Post mortem, œdilitiæ actiones manent* (lois 38, § 3 ; 47, § 1, Dig., *de Ædilitio edicto*). Lors de la préparation du Code, l'art. 68 du projet primitif maintenait formellement cette disposition, suivie dans l'ancienne jurisprudence ; puis la rédaction en fut modifiée, sans que rien puisse indiquer le but et la portée de cette modification. On voit cependant, dans les observations des tribunaux d'appel, qu'un seul, celui de Limoges, jugea à propos de s'élever contre le projet, en vertu de la règle que le cas fortuit doit être à la charge de l'acheteur et non du vendeur : *Res peril domino*. A cette objection il suffit de répondre que l'acheteur n'a entendu prendre les risques qu'à condition que la chose vendue fût non vicieuse, et qu'en proportion de la valeur véritable de la chose, et qu'alors le principe de l'art. 1184 doit recevoir son application. L'observation du tribunal de Limoges est d'ailleurs accompagnée d'une phrase étonnante : « Il y a bien de la différence entre la perte de la chose vendue, arrivée par cas fortuit, et celle arrivée par suite de la mauvaise qualité qu'elle avait lors de la vente. Il est juste, dans ce dernier cas, que la perte soit supportée par le vendeur, qui doit se reprocher d'avoir vendu une chose dont il vendait la défectuosité. » Comme si, dans le premier cas, le vendeur n'avait pas absolument le même reproche à se faire. Nous croyons que cette observation, peu raisonnable, n'était pas de nature à inspirer au législateur une dérogation absolue au principe des législations antérieures et une violation flagrante des règles du droit et de la justice.

« La décision du Code à ce sujet, dit M. Duranton, tout en adoptant un système opposé, n'est pas en harmonie avec celle de l'art. 1631, qui veut que le vendeur restitue la totalité du prix à l'acheteur évincé, quoique la chose valût beaucoup moins au temps de l'éviction qu'au temps de la vente, encore que ce fût par négligence de l'acheteur, décision qui ne peut être fondée que sur ce qu'autrement le vendeur retiendrait, *sine causa*, une partie du prix ; et il en devrait être de même lorsque la chose qu'il a vendue valait beaucoup moins que la somme pour laquelle il l'a vendue, à cause des vices rédhibitoires dont elle était infectée. »

Enfin nous attaquerons nos adversaires dans une disposition universellement adoptée, qui consiste à permettre à l'acheteur, par la faute duquel la chose vicieuse a péri, de conserver ses actions, sous l'obligation de faire déduction de la valeur réelle de la chose vendue. Cette disposition, qui était adoptée en droit romain et dans l'ancienne jurisprudence, n'a pas trouvé de place dans notre Code, et nous pouvons croire, avec plusieurs auteurs, que le législateur a suivi la doctrine de Pothier. Nous étendons alors, par analogie, à cette espèce l'art. 1647, § 2, avec le sens que nous venons de lui donner. Il y a donc lieu de s'étonner que M. Troplong admette, dans le cas où la chose a péri par la faute de l'acheteur, la même solution que Pothier, après avoir adopté et approuvé l'interprétation généralement donnée à l'article 1647, § 2 ; de sorte qu'on arrive à ce résultat monstrueux que l'acheteur qui est en faute serait mieux traité que l'acheteur qui est victime d'un cas fortuit.

Il nous reste à examiner, à propos de la vente, une dernière et importante question, celle des risques et périls dans les promesses de vente, qui sont assimilées par l'art. 1589 à une vente. Il ne nous appartient pas ici de rechercher de quelles promesses de vente le Code a voulu parler. Nous admettrons, avec la majorité des auteurs, qu'il ne s'agit ici que des promesses synallagmatiques de vente. Les risques sont-ils à la charge de l'acheteur, ou demeurent-ils à la charge du vendeur ? Il s'agit évidemment là d'une question de propriété : la propriété est-elle ou non transférée par la promesse de vente ?

Telle est la question que M. Troplong résout par une distinction empruntée à l'ancienne jurisprudence.

« Ou la promesse de vendre, dit-il, est une promesse de passer un contrat ajouté à une vente verbale ou sous seing privé déjà parfaite, et alors le risque pèse sur l'acquéreur dès avant la rédaction de l'acte authentique, car, comme le dit Cochin, il y a là contrat *parfait, absolu, sans retour* ;

» Ou bien la promesse de vendre ne vient s'ajouter à aucune convention présente, et alors elle ne peut pas plus transférer la propriété qu'elle ne le faisait dans l'ancienne jurisprudence. »

Nous n'admettons pas cette distinction ; si, dans le premier cas, il y a contrat *absolu, parfait, sans retour,* il est évident que ce n'est plus une promesse de vente ; c'est une vente, puisque notre jurisprudence ne fait aucune distinction entre la vente verbale ou sous seing privé et la vente par acte authentique. Dans le second cas, il nous semble que l'éminent jurisconsulte ne résout absolument rien ; car la question est précisément de savoir si le Code a voulu et même s'il a pu, sans s'exprimer plus explicitement qu'il ne l'a fait dans l'art. 1589, laisser à la promesse de vente l'effet qu'elle avait dans l'ancien droit : ce qui nous semble difficile, en présence des termes formels de l'art. 1138. En effet, si nous analysons consciencieusement les termes de l'art. 1589, nous arriverons à ce résultat bizarre en apparence, mais qui est le seul possible, que la pro-

messe de vente qui vaut vente, n'est autre chose qu'une
vente à terme. Or personne ne contestera que, dans la
vente à terme, la propriété est transférée immédiatement à l'acheteur, et la chose mise à ses risques. « Il
serait vraiment singulier, dit un jeune et savant jurisconsulte de la faculté de droit de Toulouse, que cette
vérité (que, même au point de vue du transfert actuel
de la propriété, la promesse de vente vaut vente, sans
qu'il y ait besoin même de l'art. 1589 pour l'affirmer)
fût compromise, parce que l'art. 1589 en a surabon-
damment donné la formule. Qu'importe aujourd'hui
que cette formule, prise en elle-même, ait été autrefois
entendue par Boniface et Bretonnier dans un sens, et
par Danty et Boiceau dans un autre? — qu'importe
l'opinion des jurisconsultes qui écrivaient sous l'em-
pire d'une règle de pratique effacée par l'art. 1138 ?
Aujourd'hui il ne peut plus y avoir d'équivoque, et la
propriété est immédiatement transférée dans toute
promesse de vente d'un corps certain. »

Nous adoptons cette doctrine, et nous en concluons
que les risques passent de suite à la charge de l'acheteur, quoiqu'il semble que, dans certains cas, un doute
sérieux puisse s'élever sur la question de savoir si les
parties ont bien réellement eu l'intention de les faire
supporter à l'acheteur. Dans le doute, les savants
annotateurs de Zachariæ ont pensé « qu'en ce qui
concerne les risques de la chose, il est assez naturel
de présumer qu'en remettant à une époque éloignée
l'exécution de la promesse de vente, les parties aient
entendu les laisser à la charge de l'ancien propriétaire,
et que le juge pourrait, d'après les circonstances, dé-

clarer que telle a été l'opinion des contractants. »

Sans doute cet équitable tempérament, qui, nous le savons, ne contient rien de contraire aux principes les plus certains du droit, concilierait heureusement la nécessité de restituer à la promesse de vente la véritable signification qui lui appartient aujourd'hui, avec la nécessité non moins impérieuse de respecter l'intention commune des parties. Mais nous croyons que le juge du fait ne pourrait présumer cette intention commune de laisser les risques à la charge de l'ancien propriétaire qu'autant qu'une circonstance quelconque l'y autoriserait. En l'absence de tout élément de présomption sur ce point, il faudrait rigoureusement accepter à cet égard l'assimilation complète des promesses de vente à la vente, et décider que l'acheteur devra immédiatement supporter les risques.

§ II.

De l'échange.

En droit français, l'échange est, comme la vente, un contrat parfait par le seul consentement des parties. Quant aux risques et périls dans le contrat d'échange, nous ne pouvons que répéter en peu de mots ce que nous venons d'expliquer pour la vente.

La chose échangée est aux risques de celui à qui elle a été promise, dès l'instant que le consentement a rendu le contrat parfait et a déplacé la propriété. Les exceptions à ce principe sont les mêmes pour l'échange que pour la vente. Ce que nous avons dit de la garantie de l'éviction et des vices rédhibitoires de ce dernier contrat trouve aussi sa place dans le contrat d'échange. Enfin on peut faire une promesse d'échange, qui vaut comme échange, et les principes sont les mêmes que pour la promesse de vente.

§ III.

Du louage.

Nous nous occuperons des risques et périls dans les différentes sortes de contrats de louage : le louage de choses, qui comprend les baux à loyer et à ferme, les baux à cheptel ; le louage de travail, que nous traiterons séparément, et le louage d'ouvrage.

I. *Louage de choses.* — « Si, pendant la durée du bail, porte l'art. 1722, la chose louée est détruite en totalité par cas fortuit, le bail est résilié de plein droit ; si elle n'est détruite qu'en partie, le preneur peut, suivant les circonstances, demander ou une diminution de prix ou la résiliation même du bail. Dans l'un et l'autre cas, il n'y a lieu à aucun dédommagement. »

Tel est, en droit français, le principe sur les risques de la chose louée, principe qui a été emprunté au droit romain, comme nous l'avons vu. Ces dispositions si équitables appartiennent à la nature même du contrat de louage. Le bailleur s'est obligé à faire jouir le preneur ; il est donc clair que celui-ci ne pourra

être satisfait, lorsqu'un événement de force majeure
le privera de la chose ou d'une partie de la chose. Le
preneur, empêché de jouir par un fait qui n'est pas le
sien, peut donc, suivant les cas, demander une diminution de prix ou la résiliation, sans pouvoir jamais
prétendre à des dommages-intérêts.

C'est surtout dans le contrat de louage de choses
qu'il sera important de distinguer entre les différentes
espèces de cas fortuits. Cette distinction, dont l'utilité
se présente surtout dans les baux à ferme, peut cependant être quelquefois nécessaire pour les baux à
loyer. Tout ce qui est force majeure et cas fortuit ne
donnera pas lieu à une demande en réduction du prix
de louage ou de résiliation du bail. Il faudra d'abord
que le fait dont le preneur se plaint lui ait causé un
grand dommage, quel que soit le fait dont il a à se
plaindre. Cette décision du droit romain nous paraît
devoir être suivie en droit français, quoique le Code
Napoléon n'en ait pas parlé ; seulement les mêmes
raisons de décider existent en droit français comme
en droit romain. La gravité dans le dommage résultera
toujours de la perte totale de la chose ; mais, dans les
destructions partielles, le juge ne devra pas avoir égard
à celles qui seront trop minimes pour affecter la jouissance.

Ce n'est pas tout : il faudra tenir compte de la pré-
vision que les parties ont pu ou dû avoir de certains
cas fortuits. Ainsi il y en a qui arrivent fort souvent,
et qui, par cela même, doivent être assimilés à des
faits ordinaires. Ces faits ne peuvent être imprévus,
et ils ont dû être pris en considération pour la fixation

du prix du bail. Si le preneur ne l'a pas fait, il est en faute, et il ne peut s'en prendre qu'à lui-même. D'autres faits, au contraire, ne peuvent être prévus, et nous croyons que l'art. 1773, quoique placés dans une autre section, doit être adopté ici, en ce qui concerne la division des cas fortuits.

Une autre question, non moins importante, est de savoir s'il faut entendre restrictivement l'art. 1722, et n'appliquer ses dispositions qu'en cas de perte totale ou partielle de la chose matérielle. Les art. 1767 et suivants traitent cette importante question pour les baux à ferme, et décident que, lors même que la chose matérielle n'éprouve aucune détérioration, il y a lieu à réduction du prix de bail, par suite du défaut de jouissance. Devons-nous appliquer ces dispositions aux baux à loyer? Nous le pensons; ainsi, lorsqu'il y aura suppression de la jouissance, impossibilité absolue et momentanée de se servir de la chose, le locataire pourra demander encore, selon les cas, ou la résiliation du bail, ou une diminution de loyer, ou une cessation momentanée des payements; seulement il faut à la fois se garder d'exagérer ce principe, comme l'a fait M. Troplong, et de le prohiber entièrement, comme l'a fait M. Duvergier.

M. Troplong prétend que le locataire d'une sucrerie serait admis à exiger une indemnité du propriétaire de la sucrerie, dans le cas où un impôt considérable serait mis sur la fabrication du sucre. D'un autre côté, M. Duvergier refuse toute indemnité à l'aubergiste dont l'auberge vient d'être privée de la route sur laquelle elle est construite. L'erreur de ces deux opinions

extrêmes nous paraît manifeste. Si, par une loi, la
fabrication du sucre venait à être prohibée, soit pour
le tout, soit pour partie, l'industriel pourrait réclamer,
puisqu'il a entendu louer une sucrerie, ou du moins
une sucrerie susceptible d'un même rendement; la
chose alors est atteinte et diminuée de valeur par l'effet
de cette prohibition; mais, s'il y avait seulement augmentation d'impôt de fabrication, la chose louée n'est
plus atteinte; elle est, dans notre espèce, toujours
sucrerie comme avant, et peut produire autant qu'a-
vant; il ne saurait donc y avoir lieu ni à résiliation ni
à indemnité. Réciproquement, quand une auberge vient
à être privée de sa route, il est évident qu'il y a lieu à
réclamation pour le locataire; il en serait autrement
de l'établissement d'une nouvelle route, celle de l'auberge continuant à subsister : même dans l'hypothèse
de Pothier, auquel nous empruntons cette espèce, la
route est supprimée et l'auberge cesse de pouvoir être
une auberge. Dès lors, le droit à indemnité de la part
du locataire nous paraît tout naturel, et nous devons
décider que le cas fortuit donne lieu à l'application
de l'art. 1722, dans tous les cas où il a pour effet de
mettre la chose, pour le tout ou pour partie, dans
l'impossibilité de servir à ce pour quoi elle a été
louée.

L'article 1722 ne concerne pas seulement les baux
de maisons et ceux des biens ruraux. Malgré la rubrique du chapitre auquel il appartient, le principe qui
l'a fait édicter l'étend forcément au louage des choses
mobilières et à toutes les espèces de louage de choses.
Ainsi, une personne prend en location un cheval pour

un certain temps pour faire un voyage ; elle est atta-
quée par des voleurs qui tuent sa monture ; il y a,
d'après les principes de l'article 1741, résolution du
bail, et le locataire ne sera tenu de payer au propriétaire que le nombre de journées pendant lesquelles le
cheval lui a servi.

C'est encore du principe de l'article 1722, d'après
lequel tout locataire qui, par un événement de force
majeure, éprouve un empêchement de jouir de tout ou
partie de la chose louée, a une action en indemnité
contre le locateur, que découlent les articles 1769
et 1770 ; lorsque les désastres de la nature ou tout
autre événement de force majeure privent le fermier
d'une portion considérable de la récolte annuelle, la
loi a égard à cette privation de jouissance, et lui donne
droit à une remise du prix de location.

Cette règle, qui existait en droit romain, a toujours
été considérée comme dérivant de la nature même
du contrat de louage. Les fruits non récoltés, les
fruits non séparés du fonds sont, en effet, une partie
du fonds, tant qu'ils n'en ont pas été séparés ; le droit
d'accession leur impose la même condition que celle
du fonds même, et si des accidents de force majeure
les détruisent avant la perception, c'est comme si une
partie du fonds avait été détruite. Ils sont donc, par
suite, comme le fonds, aux risques et périls du locateur. Telle était, nous l'avons vu, la base de la théorie
du droit romain. Les mêmes principes ont évidemment servi de base à la rédaction des articles 1769 et
suivants.

Toutefois, de même qu'en droit romain, le fermier

12

n'a droit à ce privilége qu'autant que le dommage
réunit certaines conditions, le dommage doit avoir
une certaine gravité, qui est déterminée par l'article 1770. Il faut que la perte soit de plus de la
moitié.

Les lois romaines avaient laissé cette question délicate à l'arbitraire du juge. « *Vis major*, disait Gaïus,
non debet conductori damno esse, si plus quam tolera-
bile est, læsi fuerint fructus. » Cette incertitude avait
donné lieu aux commentateurs du droit romain
d'épuiser les solutions les plus ingénieuses. Les uns
voulaient que l'on s'en rapportât à l'opinion locale pour
savoir s'il y avait stérilité ou abondance ; d'autres
pensaient qu'il n'y avait stérilité, dommage intolé-
rable, qu'autant que la récolte ne donnait pas même
la semence, ou ne couvrait pas les frais de culture.

Ce sont les canonistes qui, les premiers, exi-
gèrent, pour que le fermier eût droit à une réduction
de fermage, que la perte fût de plus de moitié de la
récolte d'une année ordinaire. C'est de là que cette
doctrine, pour laquelle on a suivi les principes relatifs à la lésion d'outre-moitié, en matière de vente,
nous est venue et a pris place dans le Code Napoléon.

Mais cette fixation même de la gravité du dommage
est un tort. Il eût peut-être mieux valu laisser chez
nous, comme en droit romain, le juge apprécier cette
gravité, que de vouloir préciser sans avoir rien pré-
cisé en réalité : comment appréciera-t-on, en effet,
ce déficit de plus d'une moitié? Sera-ce seulement
quant à la quantité, ou bien faudra-t-il avoir égard à

la valeur vénale, qui, par l'élévation du prix, peut compenser la perte matérielle?

Cette question difficile avait partagé les jurisconsultes: les uns avaient voulu que l'on décidât qu'il n'y a perte qu'autant que le prix des denrées qui restent, ne compense pas le déficit supporté par la quantité; les autres voulaient calculer la perte sur la quantité des fruits; d'autres enfin, sur la valeur vénale des fruits.

La première des solutions nous semble devoir être écartée, quoiqu'elle soit soutenue avec beaucoup d'énergie par un auteur des plus recommandables. Prenons une espèce : un fonds est loué pour cent cinquante francs; les fruits de ce fonds sont, déduction faite des frais de culture, de quinze sacs de blé. Chaque sac se vend ordinairement vingt francs. Par suite de désastres, la récolte n'est que de sept sacs; mais le prix du sac est du double, de sorte que, malgré la disette, le fermier a eu encore un bénéfice sur le prix de ferme.

Dans ce cas, nous prétendons qu'aux termes du Code Napoléon, le fermier aura droit à une indemnité; car, si la loi avait voulu calculer sur les valeurs, il eût fallu le faire dans tous les cas, et ne jamais s'occuper des quantités; alors on serait rentré dans la troisième solution, qui est évidemment écartée par l'art. 1771. Autrement on admettrait en principe que le calcul des valeurs est permis au propriétaire contre le fermier, tandis qu'il ne le serait pas au fermier contre le propriétaire, puisque, dans le cas où la récolte étant ordinaire, mais

le prix baissé de plus de moitié, le fermier souffrirait
une perte dont il ne pourrait se plaindre. Et d'ailleurs, comment n'a-t-on pas vu que cette augmentation de valeur ne procure aucun avantage au fermier?
Si, d'une part, il reçoit autant d'argent que les années
précédentes, il sera obligé d'en dépenser plus du
double pour son alimentation et ses frais de culture,
puisque, dans notre espèce, le blé aurait doublé de
valeur. Il est donc impossible d'admettre une telle
opinion, qui n'est fondée que sur une apparence d'é-
quité, tandis qu'en réalité elle empêcherait presque
toujours le fermier d'obtenir l'indemnité à laquelle
il a droit, puisque c'est presque toujours une conséquence nécessaire de la disette que l'augmentation
du prix des denrées.

La seconde condition pour que le fermier ait droit
à cette indemnité, c'est que l'année stérile ne soit
point compensée par une année d'abondance. D'après
le droit romain et le droit canon, on compensait aussi
la stérilité d'une année par la fertilité d'une autre ;
mais cette doctrine n'était pas adoptée universellement. Dans les parlements de Toulouse et de Bor-
deaux, par exemple, on admettait que chaque année
portait avec elle son cas fortuit et son rabais. Dans
certains autres parlements, on faisait une distinction :
tantôt on suivait la loi romaine, par exemple dans
les cas fortuits qui dérivent de la nature, grêles,
orages, etc.; et tantôt on faisait exception en faveur
du fermier : dans le cas où il aurait été pillé par les
ennemis, on le déchargeait de la redevance, lors même
que son bail était de plusieurs années, et que des ré-

coltes ultérieures auraient pu le dédommager de ses
pertes.

Le Code Napoléon a consacré d'une manière générale et absolue le principe de la compensation, et
il l'a fait avec raison ; autrement l'action en indemnité
ne serait le plus souvent qu'une rigueur excessive pour
le propriétaire. Mais comment se fera cette compensation ? c'est encore une question non moins délicate
et importante que la précédente. D'après une opinion
que nous sommes loin d'adopter, on prétend que le
fermier qui perd la moitié des fruits d'une année ou
davantage n'aura pas droit à la remise, et sera suffisamment indemnisé par les autres années, si le prix
de vente des fruits de toutes les années réunies n'est
pas inférieur au prix de bail de ces mêmes années.

« Supposons, dit M. Troplong, que j'ai loué à Titius le fonds Semproni n pour trois ans et pour le
prix de 100 florins par an. Ce fonds, déduction faite
des semences et frais de culture, produit, année commune, 15 sacs, valant ordinairement 10 florins... Ainsi
le preneur a pour perspective de faire un bénéfice de
50 florins. La première année a été stérile ; Titius n'a
eu que 3 sacs, qu'il a vendus 30 florins. Ainsi il reste
de 70 florins au-dessous de son prix ; dans les années
suivantes, le colon perçoit, chaque année, ses 15 sacs,
et il les vend au prix accoutumé de 10 florins. Le fermier a, par suite, eu 330 florins, et, loin de perdre,
il a eu un gain ; il n'aura donc pas l'action en réduction. »

Cette solution empruntée à un vieil auteur, et soutenue par M. Troplong, nous parait d'abord contraire

au texte même de la loi, qui ne dit nulle part que la comparaison puisse ici se faire entre les fruits recueillis et le prix du bail. Nous croyons que le prix du bail n'a rien à faire ici, comme dans la précédente question. Il est évident, d'ailleurs, que les deux termes de comparaison doivent être, d'une part, les fruits recueillis, et, d'autre part, ceux qu'on eût dû recueillir en récoltes ordinaire; en sorte que le déficit de moitié qu'une année présente au-dessous de la moyenne ne peut être compensé que par les excédants que d'autres présentent au-dessus de cette même moyenne. En second lieu, ce système paraîtrait injuste, en ce sens qu'il fait supposer que, pourvu que le fermier atteigne juste son prix de ferme dans toutes ses récoltes accumulées, il n'a aucun droit à indemnité. Il faut nécessairement qu'un fermier gagne bien au delà de son prix de ferme, pour pouvoir être à même de payer les frais de culture et d'exploitation de sa ferme. Nous sommes d'autant moins disposés à adopter une pareille opinion, que M. Troplong lui-même l'a abandonnée sans s'en apercevoir, en combattant un système présenté par M. Duvergier. En expliquant qu'il faut cumuler et balancer tous les excédants et tous les déficits des diverses années par lesquelles on veut compenser la perte de plus de moitié d'une autre année, il dit que si la balance de ces excédants et déficits au-dessus et au-dessous de la moyenne laisse subsister le déficit de plus de moitié de l'année stérile, la remise reste due. Ainsi Pierre, fermier d'un fonds rapportant, année commune, 100 sacs de blé, en a recueilli 110 en 1830, 90 en 1831, et 40 en 1832; on doit décider que, les 10 sacs d'excédant en 1830 étant balancés par les 10 sacs de déficit de 1831, la perte de 51 sacs de la dernière année reste entière et donne, par conséquent, le droit à la remise. Or il est évident que cette manière de compter est contraire à celle dont M. Troplong s'était servi précédemment; car, s'il faut admettre que Pierre, sur une moyenne de 100 sacs, ne trouve aucune compensation à sa perte de plus de moitié dans deux années dont l'une donne un excédant, parce qu'une autre année donne un déficit égal à cet excédant, il est évident que Titius, sur une moyenne de quinze sacs, ne trouve non plus aucune compensation à sa perte de quatre cinquièmes dans deux années, dont chacune est juste de quinze sacs, et dont ni l'une ni l'autre ne donnent d'excédant. Il faut donc dire avec les canonistes que, « puisqu'il n'y a pas eu abondance dans les deux dernières années, qui ne sont que des années moyennes, la demande en réduction ne peut, dès lors, éprouver aucune difficulté. »

Ainsi, sans s'en douter, M. Troplong adopte un autre système qui est suivi par la majorité des auteurs. Pour nous, nous croyons, avec MM. Duvergier et Marcadé, que ce n'est pas là encore la doctrine qu'il faut suivre. Si la première opinion est trop rigoureuse pour le fermier, la seconde nous paraît trop rigoureuse pour le propriétaire. Ainsi, en reprenant l'exemple précédent, en compensant l'année 1830 et 1831, nous voyons que le propriétaire indemnise le fermier d'une perte de 10 sacs en même temps qu'il l'indemnise d'une perte de 51 sacs pour l'année 1832. Or, quoiqu'on ait prétendu que c'est là une compensation, et non une indemnité, nous trouvons que si les mots diffèrent, l'effet produit est absolument le même, et que, par suite, cette opinion est contraire à l'esprit de la loi, qui n'a voulu indemniser le fermier que d'une perte de plus de moitié. Enfin il nous semble que l'art. 1770 fait bien connaître quelle théorie le Code a voulu poser dans l'art. 1769. Dans un bail d'une année, le fermier n'a droit à aucune réduction, dans le cas où il a récolté plus de la moitié des fruits ordinaires. De même, si dans tout l'ensemble du bail, en additionnant toutes les récoltes, il a récolté plus de cette moitié, nous croyons qu'il n'aura pas à réclamer d'indemnité. Ainsi Pierre a loué pour un an une terre rapportant 900 sacs de blé; il en a récolté 508 : il n'a pas droit à une réduction. Si, au lieu de louer pour un an, il a loué pour neuf ans une terre rapportant 100 sacs, et que, dans ses neuf ans, il a récolté 508 sacs, aura-t-il plus le droit de se plaindre ? Nous ne le croyons pas, et cela nous semble résulter de l'esprit de la loi. Ainsi, si Pierre a eu pendant sept années 51 sacs, si la huitième il en a 45, et la neuvième 106, on n'aura qu'à mettre en balance les deux dernières années, l'année stérile et l'année abondante, et, par conséquent, Pierre n'aurait pas d'indemnité. Autrement le propriétaire serait obligé d'indemniser son fermier de toutes les pertes qu'il a faites. Ce système s'accorde également avec les textes du Code, avec son esprit et avec l'équité.

Dès que les fruits sont séparés de la terre, et sans qu'il soit nécessaire qu'ils soient engrangés ou

aient pu l'être, la perte en est tout entière pour le
fermier, auquel ils appartiennent désormais. Il n'y
aurait d'exception à ce principe qu'autant qu'il s'agi-
rait d'un colon partiaire, puisque, devant au bailleur
une fraction de la récolte même du fonds, tout événement, non imputable au colon, qui vient, même
après que la récolte est séparée du fonds, diminuer
cette récolte, diminue par là même la fraction de cette
récolte qui appartient au bailleur. Ce n'est pas là, du
reste, une indemnité, ce n'est qu'un événement fortuit qui vient frapper deux propriétaires indivis
d'une même chose, d'après le principe *Res perit domino.*

La remise cesse également d'être due lorsque par
le bail le preneur a pris les cas fortuits à sa charge,
comme nous le voyons par les art. 1772 et 1773.
Nous avons déjà étudié dans notre théorie générale
de quelle manière on pouvait déroger aux règles générales, et nous avons vu que le preneur qui se chargeait simplement des cas fortuits ne se chargeait
que de ceux qui sont ordinaires, tels que la gelée, la
coulure, la grêle, le feu du ciel. Ce ne serait que par
une convention expresse que le preneur serait considéré comme ayant pris à sa charge tous les autres
cas fortuits.

Nous avons également étudié dans le même endroit
les dispositions de l'art. 1733 relatives à la preuve à
faire par le locataire, non-seulement du cas fortuit,
mais encore de sa non-culpabilité. Nous croyons avoir
démontré que c'était là un article d'exception, qui ne

peut se rapporter qu'au locataire d'immeuble, et que, dans toute autre espèce de louage, il faudrait appliquer le principe de l'art. 1808, qui met à la charge du bailleur la preuve de la faute du preneur.

II. *Des baux à cheptel.* — Le bail à cheptel simple est un contrat par lequel on donne à un autre des bestiaux à garder, nourrir et soigner, à condition que le preneur profitera de la moitié du croît, et qu'il supportera aussi la moitié de la perte. On estime la valeur du troupeau donné à cheptel; mais le Code porte expressément que cette estimation ne vaut pas vente, et que par conséquent le bailleur reste toujours propriétaire. Si nous appliquions les principes généraux en matière de risques et périls, ce serait sur le propriétaire que la perte devrait retomber dans tous les cas. Cependant l'art. 1810 fait une distinction en ne mettant à la charge du bailleur que la perte totale, tandis que la perte partielle est supportée en commun par le bailleur et le preneur qui, n'ayant de parts que dans les croîts et profits, paraîtrait ne devoir supporter que les risques de ces croîts et profits. Nous n'avons pas à discuter les motifs qui ont fait édicter cette loi rigoureuse pour le cheptelier. Elle existe, et doit par suite être appliquée; mais ce n'est qu'à l'expiration du bail que l'on pourra savoir à quel chiffre montent les pertes partielles; et d'ailleurs la loi est expresse.

Lorsque le troupeau a péri par cas fortuit, le cheptelier doit cependant rendre compte des peaux. Il faudrait donc qu'il y eût force majeure pour qu'il pût se dispenser de les représenter, si la police avait fait enfouir les bêtes mortes d'une épizootie, ou si les bêtes avaient été enlevées par des voleurs.

Nous savons qu'en général les parties peuvent, par des conventions expresses, déroger aux règles posées par la loi sur les risques et périls. Cependant, en matière de cheptel simple, l'art. 1811 défend certaines stipulations qui seraient trop rigoureuses, que les propriétaires pourraient imposer à de pauvres paysans, tels que le sont en général les chepteliers. Ainsi il sera défendu de stipuler que le preneur supportera la perte totale du cheptel, quoique arrivée par cas fortuit et sans sa faute. La coutume de Berry avait prévu la dureté de cette convention et l'avait repoussée dans son art. 11 : « Tous contrats de bêtes à cheptel, duquel le bailleur doit prendre profit et émolument du fruit, s'il est dit en iceux cas que les bêtes seront aux périls et fortunes du preneur entièrement, et que le cas fortuit advenant sur icelles sera soutenu du tout par icelui preneur, sont réputés nuls, comme illicites. » Les chances de bénéfice seraient, en effet, du côté du plus riche, et les chances de perte du côté du plus pauvre. Mais, cependant, les parties pourraient déroger à l'art. 1810, en mettant toutes les pertes, totale ou partielle, à la charge du propriétaire.

Dans le cheptel à moitié, qui, comme le dit l'article 1818, est un contrat de société, le cheptelier devient copropriétaire du troupeau donné à cheptel; par conséquent, la question des risques et périls devient facile à résoudre : le preneur est tenu de la moitié de la perte totale, par la règle *Res perit domino*, et c'est en vertu du même principe qu'il supportera aussi la perte partielle. Ainsi, quant au risque, le cheptelier à moitié est plus avantagé que le cheptelier simple ; car ce dernier, tout en ne prenant aucune part dans le capital, supportera, comme lui, la moitié de la perte partielle, tandis que le cheptelier à moitié, qui retire la moitié de ce capital, n'est soumis, de plus que lui, qu'à la perte totale, qui n'arrivera presque jamais. De même que dans le cheptel simple, on ne pourrait stipuler que la totalité de la perte serait pour le preneur, car l'art. 1820 déclare toutes les autres règles du cheptel simple applicables au cheptel à moitié.

Nous trouvons encore, relativement au cheptel donné au fermier, que l'on appelle cheptel de fer, une dérogation à la règle *Res perit domino*. Ainsi le cheptel continue d'appartenir au bailleur propriétaire, et cependant l'art. 1825 met à la charge du fermier la perte totale arrivée même par cas fortuit.

Il est vrai que cette exception au principe général est commandée par la nature même du contrat, qui a été nommé cheptel de fer précisément parce que les animaux qui le composent ne peuvent mourir pour leur propriétaire : *Perire non potest domino*, disait Beaumanoir. En effet, le fermier, ayant tous les profits, doit avoir aussi tous les risques. C'est ici l'application de la règle : *Eadem debet esse ratio lucri et damni*. Dans ce contrat, le fermier n'est qu'un spéculateur ; n'ayant aucune dépense, ou à peu près, à faire pour le bétail, il suit une chance ; il met en ba-

lance le risque des mauvaises années avec le produit
des bonnes, et il a, en outre, pour lui l'accroissement
de valeur des jeunes bêtes. Il ne court donc que les risques de la mortalité, qui seront grandement com-
pensés par toutes ces chances de gains. L'art. 1825
permet de déroger à ce principe en faveur du fermier. Une convention expresse peut le décharger de
tous les risques ou d'une partie des risques; mais
alors ce n'est plus un véritable cheptel de fer.

Il nous reste à examiner les risques et périls dans
une dernière espèce de bail à cheptel. Il s'agit du
cheptel donné au colon partiaire, qui n'est qu'une
variété du cheptel simple. Comme dans ce dernier,
la perte totale est pour le bailleur qui est resté propriétaire, lorsque cette perte est arrivée par un cas
fortuit, et le fermier ne sera tenu que de la moitié de
la perte partielle, sans qu'aucune stipulation puisse
rien changer à ces dispositions de la loi, à moins
qu'elle ne soit faite dans l'intérêt du preneur. Cette
répétition de l'article 1827, qui met la perte totale à
la charge exclusive du bailleur, n'est point inutile;
on aurait pu croire, en effet, que l'association du métayer à tous les profits du troupeau, alors qu'il est dis-
pensé de la nourriture et de l'hébergement, pouvait
être une raison de l'associer à la perte totale. La loi a
donc bien fait de déclarer expressément que le cheptel,
placé entre les mains d'un métayer, périt toujours
en totalité pour le propriétaire, aussi bien que le
cheptel simple confié à un étranger.

III. *Du louage de travail.* — Nous avons fait remarquer dans notre Théorie générale que, dans les obli-

gations de faire, nous ne pouvions que suivre les règles du droit romain quant aux risques et périls, c'est-à-dire que nous devons suivre le principe de l'imputabilité. Du reste, comme nous l'avons vu pour le droit romain, il en est du louage de travail comme du louage de choses. Dans les deux cas, le contrat a pour objet une chose future, la jouissance d'un travail, de services ou d'une chose, et, par conséquent, dans tous les cas où cette jouissance ne pourra plus se produire, par suite d'une force majeure, le contrat sera rompu, et le locateur du travail devra restituer, s'il l'a reçue, une partie proportionnelle du prix qu'il a touché, ou n'aura plus droit à demander plus qu'il ne lui est dû pour la partie de travail qu'il a faite.

Seulement la force majeure peut se produire de plusieurs façons : 1° la force majeure peut frapper le maître ; 2° elle peut frapper l'ouvrier ou le domestique ; 3° elle peut ne frapper ni l'un ni l'autre.

1° Supposons que Titius, voulant faire un voyage, loue un domestique pour l'accompagner ; il tombe malade et il meurt. Le domestique pourra-t-il demander la somme fixée pour ses gages ? Nous avons vu que les lois romaines suivaient l'affirmative, mais à la condition que le domestique n'eût pas trouvé, dans une autre place, une indemnité. Cette opinion était aussi adoptée par la jurisprudence ; seulement l'on faisait une distinction qui nous paraît fort juste, et qu'en l'absence de textes, nous croyons devoir être suivie. On n'admettait les principes de la loi romaine et on ne les appliquait que lorsqu'il n'avait pas été convenu, soit tacitement, soit expressément, que le prix ne serait dû qu'à la condition que le service serait rendu ou l'ouvrage accompli. Dans ce cas, la force majeure, alors même qu'elle tomberait sur le maître, dispenserait de payer le salaire. Nous croyons, comme M. Troplong, que cette condition sera toujours sousentendue dans le louage de services, qui subordonne le salaire à l'ouvrage fait, et surtout lorsque les choses seront entières, et que le contrat n'aura pas reçu de commencement d'exécution.

2° La force majeure peut peser sur l'ouvrier ou le serviteur, par exemple lorsqu'une maladie l'empêche de faire son service, ou l'ouvrage qu'il devait faire étant loué au mois ou à l'année. Pothier faisait une distinction entre une maladie de courte durée et une maladie qui se prolonge pendant un temps considérable. Dans le premier cas, le maître ne devait pas faire de réduction sur les gages; dans le second cas, il avait le droit de les diminuer à proportion de la durée de la maladie. La jurisprudence des parlements s'était montrée moins rigoureuse que la théorie, et déclarait, en général, que l'on ne devait pas faire de réduction sur les salaires. Nous croyons que le maître, en droit, pourra demander à faire une réduction, mais que les juges devront décider d'après les circonstances de la maladie, suivant qu'elles auront ou non permis au malade de rendre encore quelques services à son maître.

Le service militaire est une cause de force majeure qui affecte le contrat du chef du serviteur ou de l'ouvrier, et alors il n'a droit qu'à un salaire proportionné au temps qu'il est resté chez son maître. Bien en-

tendu, nous ne parlons que de l'appel sous les dra-
peaux par suite du tirage à la conscription, et non de
l'engagement volontaire, qui donnerait au maître le
droit de demander des dommages et intérêts. Il en
serait de même si le serviteur quittait son maître pour
se marier, malgré la faveur de la loi pour l'enrôle-
ment volontaire et la liberté des mariages.

La mort du serviteur ou de l'artisan ne donnerait
aux héritiers que le droit de demander le prix des
journées faites par lui, ou à une part proportionnelle
au temps qu'il a servi. Le maître a, en effet, droit à
ne pas payer des services qu'il n'a pas reçus.

3° La force majeure peut ne frapper ni sur le maître
ni sur l'ouvrier, lorsque le fait du prince vient, par
exemple, fermer un atelier dans lequel je voulais employer des ouvriers que j'avais loués. Si le mauvais
temps empêche les travaux agricoles pour lesquels
j'avais demandé des ouvriers qui devaient commencer
tel jour, il y a encore force majeure. Il peut se faire
encore que la chose à laquelle les services devaient
être consacrés vienne à périr. Ainsi, la maison que je
voulais faire réparer est tombée de vétusté ou a péri
par le feu; il y a encore force majeure. Dans tous ces
cas, je ne devrai pas le prix de la journée, et les ouvriers seront réciproquement déchargés envers moi
de faire l'ouvrage.

IV. *Du louage d'industrie.* — Le louage d'industrie est le contrat que les Romains appelaient
conductio operis, dans lequel on donne à faire à
un ouvrier un ouvrage déterminé, tandis que,
dans le louage de travail, il s'agit de services indéter-

minés. C'est pourquoi le Code a compris sous le nom de louage d'industrie les marchés faits avec les voituriers, avec les ouvriers et les architectes. Nous nous occuperons successivement de la responsabilité qui pèse sur chacun d'eux.

« Les voituriers, porte l'art. 1784, sont responsables de la perte et des avaries des choses qui leur sont confiées, à moins qu'ils ne prouvent qu'elles ont été perdues ou avariées par cas fortuit ou force majeure. » Nous voyons par cet article et par l'art. 1782, qui les assujettit aux mêmes obligations que les aubergistes, quant à la garde et à la conservation des choses qui leur sont confiées, l'étendue de cette responsabilité. Mais ce n'est pas là la seule obligation du voiturier que de faire arriver chez le destinataire la chose telle qu'elle lui a été confiée, ou du moins telle qu'il a pu la conserver ; il a encore l'obligation d'arriver dans un certain laps de temps, qui est ordinairement convenu entre l'expéditeur et le destinataire. La force majeure le soustraira évidemment à des dommages et intérêts, s'il ne s'est pas lui-même exposé à ce retard.

Ainsi donc, nous devrons distinguer plusieurs cas : 1° le transport a été empêché par le fait de l'expéditeur ; 2° il a été empêché par un fait de force majeure tombant sur le voiturier ; 3° il a été empêché par un fait de force majeure étranger à la personne du voiturier et de l'expéditeur.

1° Si le transport a été arrêté par l'expéditeur, le voiturier pourra évidemment exiger le prix tout entier du transport, et même demander une indemnité pour le temps qu'il a attendu. Nous croyons, en effet, que

13

l'on peut appliquer l'art. 276 du Code de commerce dans tous les cas analogues à celui qu'il prévoit : « Si le navire a été arrêté au départ, pendant la route, ou au lieu de sa décharge, par le fait de l'affréteur, les frais du retardement sont dus par l'affréteur. »

2° Si le voiturier est frappé par force majeure en route, par exemple s'il meurt, le prix ne sera payé qu'en raison de l'utilité que le chargeur retirera de ce transport. Si le transport, fait en partie, ne lui porte aucun profit, il n'y a lieu à donner aucun prix.

3° Dans le cas où la navigation ou le transport a été empêché par une force majeure étrangère aux deux parties, il faudra distinguer si le trajet a été commencé ou non. Dans le premier cas, le contrat est résolu sans dommages-intérêts de part ni d'autre. Dans le second cas, le prix est dû. Ainsi, si, le transport effectué, l'autorité empêchait le débarquement ou l'entrée dans la ville, l'expéditeur n'aura plus le droit de refuser de payer le voiturier.

Nous avons vu plus haut quelle était la responsabilité du voiturier pour la perte et les avaries survenues aux choses à lui confiées. La chose passe à ses risques et périls à partir de ce moment même où elle lui a été remise : peu importe qu'elle soit chargée ou seulement déposée chez lui, ou dans ses magasins, ou sur le port.

Le voiturier pourrait, par une convention expresse, être déchargé de toute responsabilité autre que celle provenant de ses faits personnels.

Nous avons vu plus haut que, dans le contrat de louage d'industrie, il s'agissait d'une œuvre détermi-

née qui n'a rien de personnel, en ce sens que ce contrat
ne se résoudrait pas par l'impossibilité où se trouverait l'entrepreneur d'exécuter lui-même l'ouvrage, à
moins cependant que le contraire ne résultât de la convention. Néanmoins l'exécution de l'ouvrage peut
devenir impossible par suite d'un événement qui
frapperait la matière sur laquelle l'objet doit être
exécuté.

En droit romain, l'on ne considérait pas comme un
contrat de louage d'industrie le contrat par lequel un
ouvrier s'engageait à exécuter un travail sur un objet
à lui appartenant; il n'y avait pas, à proprement parler, *conductio operis*, il y avait une sorte de vente future, et, par suite, les risques et périls étaient à la
charge de l'artisan. En droit français, la loi considère,
dans l'art. 1787, qu'il y a louage d'industrie et dans
le cas où l'ouvrier fournit la matière et dans celui où
il ne fournit que l'industrie; par conséquent, nous
devrons distinguer les deux cas. Toutefois, si le nom
du contrat diffère en droit romain et en droit français,
les effets produits sont exactement les mêmes. En droit
romain, on appliquait les principes relatifs à la vente
d'une chose future, et les risques demeuraient à la
charge de l'artisan; en droit français, on applique la
règle *Res perit domino*, et, par suite, c'est encore l'artisan
qui supporte les risques, comme le porte l'art. 1788,
lorsque la chose vient à périr avant d'être livrée. La
convention ne s'est pas en effet réalisée par la perfection de l'ouvrage; il faut encore que l'ouvrier propriétaire de l'ouvrage fasse offre de livraison. Alors il y a
mise en demeure du créancier, ce qui a pour effet,

nous le savons, de faire passer les risques à sa charge.

Mais si, dans ce premier cas, nous trouvons, en droit français, une parfaite analogie avec le droit romain, il n'en sera pas de même dans l'autre cas, c'est-à-dire celui où l'ouvrier travaille sur la chose du maître. Nous avons vu qu'en droit romain le *conductor operis* ne supportait que le *periculum culpæ,* et que, par conséquent, c'était au maître à prouver la faute, tandis que l'ouvrier n'avait qu'à prouver le cas fortuit. Il n'en est pas de même en droit français.

Les rédacteurs du Code Napoléon ont considéré qu'il y a dans le louage d'ouvrage deux éléments distincts : l'industrie de l'ouvrier et la chose à laquelle elle s'applique. Lorsque l'ouvrier a complétement terminé son œuvre, ces deux éléments se réunissent pour former un tout homogène ; mais il a semblé au législateur que, tant que cette réunion n'avait pas eu lieu, chacun restait propriétaire de ce qui lui appartenait, l'un de son travail, l'autre de sa chose, et qu'ainsi la perte devait se partager. Ainsi donc, d'après l'article 1790, l'ouvrier n'aura point de salaire à réclamer, si la chose vient à périr, même sans sa faute, avant la livraison ou avant la mise en demeure du maître.

Quoique certains auteurs prétendent que le système adopté par le droit français est plus conforme à l'équité et au but que les parties se sont proposé, ce qui pourrait fort bien se mettre en doute, nous pensons que ce changement ne provient que de ce que les rédacteurs du Code Napoléon ont copié Pothier, dont nous avons contesté l'opinion erronée dans notre dissertation de droit romain. Pothier a mal interprété

la loi 36, Dig., *locati conducti*, et c'est de là, assurément, que vient le système du Code Napoléon. Quoi
qu'il en soit, les textes sont formels, et nous n'avons
plus qu'à développer l'idée qu'ils contiennent.

La perte de la chose peut avoir trois causes : elle
peut périr par la faute de l'ouvrier, et alors il en est
responsable; elle peut périr par force majeure, ou
enfin par un vice intrinsèque de la matière. Nous
n'avons à nous occuper que de ces deux derniers
cas.

Si elle périt par force majeure, l'ouvrier n'aura rien
à réclamer pour son salaire; le propriétaire de la
matière perdrait son objet. Ce dernier serait cependant obligé de payer la façon, s'il avait été mis en demeure de recevoir l'ouvrage achevé; cependant, s'il
prouvait que l'ouvrage était mal fait et qu'il était impossible qu'il le reçût, il n'aurait point à payer de
façon. De même, si l'ouvrier était mis en demeure de
livrer l'œuvre terminée, il devrait être tenu des dommages et intérêts, à moins qu'il ne prouvât que le
tout eût aussi bien péri chez le propriétaire de la
matière que chez lui.

Si la matière périt par suite d'un vice intrinsèque,
le propriétaire devra à l'artisan le prix de son travail,
car il n'est pas juste qu'il perde le fruit de son travail.
Cependant, si le défaut de la chose était assez manifeste
pour que l'ouvrier eût pu l'apercevoir, et que néanmoins il n'eût pas prévenu le maître qu'il lui était impossible de travailler un pareil objet sans accident,
nous croyons qu'il serait responsable. Quoique aucun
texte n'existe sur ce sujet que l'art. 1792, nous

croyons pouvoir étendre, par analogie, à certains cas
le principe qu'il contient, étant en cela d'accord avec
la majorité des auteurs. Le maître pourrait, par une
convention spéciale, se charger de tous les risques, et
alors l'ouvrier ne serait tenu que de ses faits personnels ; il faudrait une convention expresse pour qu'il
fût déchargé même de ces derniers.

Le Code n'examine pas le cas où la matière est en
partie fournie par l'ouvrier et en partie par le maître ;
mais il est facile de combler ces lacunes par l'application des principes que nous venons d'étudier. Ainsi,
dans le cas de perte par force majeure, le maître perdrait sa partie de matière, l'ouvrier l'autre partie et
sa main-d'œuvre. Si c'est par le vice d'une des matières, celui dont la matière était vicieuse doit indemniser l'autre, à moins que ce ne fût la matière du
maître, et que l'ouvrier eût dû en reconnaître le vice.

Si l'ouvrage était à faire par pièces ou à la mesure,
le maître peut être mis en demeure de vérifier par
partie, et il est censé avoir vérifié et tacitement agréé
toute partie payée, lorsqu'il paye en proportion de
l'ouvrage fait. De simples à-compte donnés dans le
cours des travaux n'emporteraient nullement cette
présomption de vérification, et laisseraient les risques à la charge de l'ouvrier. La réception même de
l'ouvrage par le maître ne libère l'ouvrier qu'autant
qu'il ne s'est pas engagé à garantir son ouvrage pendant un certain temps, comme cela se fait fort souvent. Nous pensons même que, s'il existait dans un
pays l'usage de garantir certains travaux, il faudrait
une convention spéciale pour que l'ouvrier n'eût pas à

supporter les risques pendant le temps prescrit par l'usage.

La responsabilité de l'architecte, édictée par l'article 1792, provient de ce principe de garantie dont l'ouvrier est tenu relativement à certains travaux, dont seul il peut constater la durée et la possibilité. Cette responsabilité, qui n'existait pas en droit romain, est toute naturelle en droit français ; il est fort juste que les architectes, qui doivent être plus éclairés que ne le sont, en général, d'autres entrepreneurs, soient astreints à des règles plus rigoureuses, d'autant plus que la nature des ouvrages qu'ils font nécessite, de leur part, une grande prudence. La loi est tellement rigoureuse, que l'architecte ou l'entrepreneur ne pourraient s'affranchir d'une telle responsabilité par une clause expresse, ou même lorsque, ayant fait part au propriétaire du danger qu'il y aurait à construire dans tel endroit, ils auraient cédé à ses exigences ; car cette responsabilité est d'ordre public, et des conventions privées ne pourraient déroger à la loi. Ce n'est pas seulement pour les vices du sol que l'architecte est responsable, il l'est encore pour la malfaçon, quoique le Code n'en parle pas ; mais l'on voit que, d'après les discussions, c'est par omission que l'on n'a pas inséré une pareille disposition, qui a, du reste, les mêmes raisons que l'autre d'exister.

Cette responsabilité dure dix ans à partir de la réception et de la vérification des travaux ; mais, à partir de la manifestation de graves défauts dans la construction dans les dix ans, on aurait un laps de trente ans pour intenter l'action contre l'architecte ou l'entrepreneur, qu'ils aient traité à forfait ou autrement, comme l'enseigne la majorité des auteurs. Après les dix ans, les désordres qui se manifesteraient dans l'ensemble de l'édifice ne devraient être considérés que comme provenant de l'effet du temps, et non pas de la faute de l'architecte, qui se trouve alors à l'abri de toute recherche. Il s'est établi en sa faveur une présomption légale, contre laquelle aucune preuve ne serait admise.

§ IV.

De la société.

La société devient tantôt propriétaire et tantôt usufruitière des apports des associés; suivant donc qu'elle aura la propriété ou la jouissance seulement, les apports seront à ses risques et périls, ou resteront à ceux des associés qui seraient restés propriétaires, par application de la règle *Res peril domino.*

Cependant le Code contient de nombreuses exceptions à ce dernier principe, qui, en droit romain, n'en souffrait pas. L'art. 1851 en compte quatre :

1º Si les choses dont l'associé n'a mis que la jouissance dans la société sont de celles qui se consomment par le premier usage, elles passent aux risques de la société, et l'associé devient créancier de la société pour ce qu'il a donné. Lorsque la société est dissoute, il peut exiger ou une pareille quantité, qualité ou valeur de ces choses, ou leur estimation à la fin de la société. Cette décision de l'article 1851 a fait cesser une grave controverse qui partageait les plus grands jurisconsultes sur la question de savoir si l'associé qui apportait une somme d'argent était censé en avoir apporté la jouissance ou la propriété, lorsqu'il s'était associé avec une personne qui n'apportait que son industrie, et, dans le cas où l'on se décidait pour l'apport de la jouissance, ce qui était l'opinion commune, il s'agissait de savoir si l'industriel devait prendre part à la perte. La première partie de cette controverse n'a plus, depuis l'art. 1851, aucune importance pour la question des risques ; mais, relativement au partage entre associés, elle a une très-grande importance. Pothier, contrairement à l'avis des théologiens et de la plupart des jurisconsultes, professait, sur la seconde partie de la controverse, que le dommage devait être supporté par les deux associés. C'est cette opinion de Pothier que le Code a suivie, dans l'art. 1851, avec raison : elle repose sur des principes analogues à ceux du prêt à intérêt.

2° Une seconde exception à la règle que la chose dont la jouissance seule a été mise dans la société périt pour l'associé, se présente quand cette chose est de celles qui se détériorent en les gardant. Cette exception est encore puisée dans Pothier, que, sur toute matière, le Code a du reste suivi pas à pas. Cette chose est donc aux risques de la société, et se détériore pour son compte : elle est assimilée aux choses fongibles.

Cette exception est d'autant plus remarquable qu'elle

est une dérogation aux principes généraux du Code : ainsi nous voyons, à l'art. 589, qu'en matière d'usufruit, les choses qui se détériorent par l'usage sont aux risques du nu-propriétaire, et, à l'art. 1730, qu'en matière de louage, les risques de la vétusté sont à la charge du locateur. Cependant, quoique Pothier n'indique pas les motifs de son opinion, cette dérogation s'explique par l'impossibilité où l'on se trouve d'admettre que l'intention de l'associé a été de conserver la propriété de choses qu'il n'avait aucun intérêt à reprendre plus tard, vu leur état de dégradation. Il est évident, au contraire, que son intention a été de devenir créancier de leur valeur, et que, malgré les termes inexacts de la convention, c'est la propriété qu'il a voulu mettre dans la société, pour être créancier de leur estimation ; autrement on tournerait contre lui la prudence dont il a fait preuve pour sauvegarder ses intérêts.

D'après les termes généraux de l'article 1851, nous devons croire que non-seulement la perte entière, mais encore la perte partielle ou détérioration est aux risques de la société, de telle sorte que l'associé ne pourrait pas être contraint par la société à reprendre son apport dans un état de détérioration, puisque l'associé est créancier non plus de ces choses, mais de leur valeur au moment où il les a mises entre les mains de la société ; autrement, si, comme l'entendent certains auteurs, il n'était créancier que de leur valeur au moment de la dissolution de la société, la disposition de l'art. 1851 serait complétement inutile. Du reste, cette doctrine, qui no s'appuie que sur l'assimilation de ces choses avec les choses fongibles, est évidemment fausse, puisque cette assimilation n'est exacte que dans le sens que le simple apport de leur jouissance suffit pour les mettre aux risques de la société. L'associé aura, d'ailleurs, le droit de reprendre les choses elles-mêmes, dans le cas où il le voudrait.

3° Une troisième exception a lieu quand les choses apportées sont destinées à être vendues, comme un fonds de marchandises. Quoique l'associé ait déclaré n'en mettre que la jouissance dans la société, elles périssent pour elle, et l'associé est créancier de la société pour le prix de vente. Cette exception est analogue à la première ; puisque l'associé se réserve la propriété de choses qu'il destine à être aliénées, il faut présumer qu'il a entendu se réserver la somme formant le prix de vente, pour donner un sens à cette clause de rétention. Ce n'est donc, en réalité, que l'apport d'une somme d'argent fait à la société.

4° Une quatrième exception a lieu quand la chose dont un associé apporte la jouissance a été estimée : *Estimatio facit venditionem*. L'estimation fait supposer que l'intention des contractants a été de rendre la société débitrice du prix, et non de la chose même. Il faut appliquer cette disposition de l'art. 1851 aux immeubles comme aux meubles, car il ne distingue pas. De plus, il ne faudrait pas croire qu'un inventaire soit absolument nécessaire pour constater l'estimation ; il suffirait d'une estimation faite dans le contrat de société même, pourvu qu'elle présentât un caractère bilatéral.

La chose qui doit être apportée à la société peut périr avant ou après que l'apport ait été effectué ; de plus, comme nous venons de le voir, on peut apporter soit la jouissance, soit la propriété de cette chose. Il y aura donc une double distinction à faire fort important quant aux risques et périls. Aussi le Code lui a-t-il consacré l'art. 1867, dont les dispositions ont semblé fort obscures, et même inconciliables, à certains commentateurs du droit français, tandis que d'autres prétendent que la contradiction entre le § 1 et le § 3 de cet article n'est qu'apparente, et que rien n'est plus facile que de tout concilier entre l'art. 1865 et l'art. 1867.

Pour nous, nous croyons que la conciliation est possible, et que, malgré la mauvaise rédaction de l'art. 1867, nous retrouverons les principes du droit romain que nous avons déjà étudiés.

D'après la majorité des auteurs, ce serait entre le § 1 et le § 3 de l'art. 1867 qu'il y aurait contradiction. Cet article est ainsi conçu : « Lorsque l'un des associés a promis de mettre en commun la propriété d'une chose, la perte survenue avant que la mise se soit effectuée opère la dissolution de la société par rapport à tous les associés.

» La société est également dissoute, dans tous les cas, par la perte de la chose, lorsque la jouissance seule a été mise en commun, et que la propriété en est restée dans la main de l'associé.

» Mais la société n'est pas rompue par la perte de la chose dont la propriété a déjà été apportée à la société. »

Considérant que, d'après les principes de l'art. 711 et de l'art. 1138, la promesse de livrer une chose transfère la propriété, on a généralement pensé que le § 3 ne faisait que rapporter la disposition du § 1er, et on a déclaré que ces deux dispositions étaient inconciliables. Mais nous pensons que là n'est pas la difficulté, car il ne serait pas difficile de trouver une foule de cas dans lesquels la propriété de l'apport ne saurait être transmise par la seule convention. L'article est obscur et inexact, il est vrai, mais il ne contient aucune contradiction avec lui-même. On en trouverait plutôt une entre le § 2 de l'article 1865, où l'on dit que la société se dissout par l'extinction de la chose, et le § 3 de l'art. 1867, comme le fait judicieusement observer M. Troplong ; mais là encore n'est pas la difficulté, car, si les mots sont inexacts, le sens du § 3 est évident pour tous : le législateur a voulu dire par là que l'extinction d'une des choses faisant partie du fonds social ne dissout pas la société, c'est-à-dire tant qu'il reste une base d'action aux opérations sociales. Nous voyons donc que dans cet article il n'y a ni anomalie ni exception aux principes généraux.

La disposition primitive de cet article est puisée dans Pothier (*Contrat de société*, n° 141), lorsqu'il explique la loi 58, Dig., *pro socio*. Le § 2 de l'article 1867 a été ajouté par le Tribunat. D'après cela, nous voyons que le § 1er se rapporte au cas où un associé doit apporter une chose, non pas pour en faire une chose commune, mais pour une certaine destination, tandis que le § 3 se rapporte au cas où la propriété même de la chose doit être mise en commun,

Cette distinction résulte en effet très-clairement de la rédaction primitive de ce §1er, qui a été changée par le Tribunat, avec des observations parfaitement motivées, que la plupart des commentateurs de l'art. 1867 ne se sont pas donné la peine de consulter.

Et le § 1er recevra son application, non-seulement dans le cas pour lequel il a été écrit, lorsque la chose doit être mise en commun pour une certaine destination, et périt avant l'apport, ce qui est évident, mais encore dans un grand nombre d'autres cas, où il devra s'appliquer par suite des circonstances ou de l'intention des parties. Ainsi, lorsque Delvincourt prétend qu'il s'appliquera au cas où l'un des associés avait promis d'apporter en société la chose d'autrui, il ne s'est point trompé ; non plus que M. Duvergier, quand il applique l'article au cas où il aurait été convenu que la propriété de la chose constituant l'apport ne passerait à la société qu'après un certain temps. En un mot, le § 1er de l'art. 1867 s'applique à tous les cas où l'on peut promettre seulement d'apporter la propriété d'une chose, sans que l'on puisse ou veuille en apporter à l'instant même la propriété, ainsi que nous venons de le faire voir dans les exemples que nous venons de citer.

Telle est, croyons-nous, la signification de ce § 1er, qui ne distingue point la promesse d'apporter la propriété, du transfert de la propriété, dans le sens que la propriété ne pourrait se transférer que par la tradition, comme l'ont prétendu certains auteurs ; mais il distingue la promesse d'avec le transport, dans le sens qu'il y a des cas où l'on ne veut que promettre de transférer, sans qu'on puisse ou veuille transférer à l'instant même.

Quant au § 2, il ne fait que consacrer une règle depuis longtemps admise par la doctrine. La perte d'un objet qui n'est en commun que pour la jouissance dissout nécessairement la société; car, cette jouissance étant une chose future et ne pouvant plus se produire, l'associé n'a plus de mise.

Examinons maintenant les clauses par lesquelles on pourrait déroger aux règles générales sur les risques et périls, en matière de société.

Il est hors de doute que, par une convention, on pourra stipuler que tel associé qui, d'après le droit commun, devait supporter les risques, en sera cependant déchargé, et alors les risques demeureront à la charge de la société. Mais la convention contraire, c'est-à-dire celle par laquelle on conviendrait de faire supporter les risques à tel associé à la place de la société, ne serait pas toujours valable. Il est, en effet, de l'essence de la société que tous les associés participent aux risques; par conséquent, toute chose mise en société doit contribuer aux dettes. On ne pourrait donc en décharger complètement la part d'un associé sans rendre cette société léonine. Ceci est évident à l'égard de tout associé qui a apporté une part en nature; mais, relativement à celui qui n'a apporté que son industrie, en sera-t-il de même? Pourra-t-on, par une convention expresse, le décharger de toute participation aux dettes? Evidemment non; car, dans les exemples même où le droit romain valide cette convention, il ne fait que jouer sur les mots, et celui qui n'apporte que son industrie est forcément obligé de contribuer aux dettes. Prenons un exemple : Deux négociants sont en société; l'un d'eux n'apporte que son industrie; il est exempté de toute contribution aux dettes. Il y a 400,000 fr. de profit d'une part, et 200,000 fr. de perte d'autre part. Le premier pourra-t-il exiger que l'on partage les 400,000 fr.? Non, évidemment, car alors la société serait léonine. Il faudra donc d'abord déduire les 200,000 fr. de perte, et il ne restera alors que 200,000 fr. à partager. Il faut donc décider, d'après cette base de calcul, que celui qui fournit son industrie contribuera aux pertes dans tous les cas; car, si la société n'a rien gagné, il perdra son industrie et ses peines, et, s'il y a des bénéfices à partager, ces bénéfices seront d'autant moindres que les pertes auront été plus fortes.

Il est vrai qu'on pourrait stipuler que tel, qui apporte à la société son industrie, recevra un capital fixe, et qu'il ne supportera aucune dette. Mais alors ce n'est plus à son égard un contrat de société, c'est un contrat de louage de services; car, si une partie seulement du prix de son travail était fixe et l'autre partie éventuelle, il supporterait encore les risques des pertes de la société, et il y a alors un double contrat : louage de services et société.

Mais nous croyons, avec Pothier, que l'art. 1855 ne serait pas applicable au cas où l'un des associés abandonnerait une partie de son capital pour se décharger de toute perte et n'avoir part qu'aux bénéfices de l'association. Alors il **y** a, en effet, un contrat d'assurance mélangé au contrat de société, car l'associé se charge du risque moyennant un équivalent.

Pourrait-on stipuler valablement, dans le cas où la jouissance seule d'une chose a été mise en société, que ce sera l'associé non propriétaire qui supportera la perte partielle ou totale de la chose? Nous avons déjà décidé que cette convention serait valable pour la perte partielle, car ce n'est pas autre chose que de faire supporter à la société des risques qui n'étaient pas à sa charge; d'ailleurs l'article 1810 nous offre à cet égard un puissant argument. Mais cet article défend précisément le pacte qui chargerait le cheptelier de la perte totale. Pourra-t-on, dans le contrat de société ordinaire, faire ce qui est prohibé dans le contrat de cheptel? L'associé propriétaire pourra-t-il s'exonérer sur son coassocié de la perte totale de la chose dont il n'a mis que la jouissance en société, en faisant, bien entendu, un abandon raisonnable, puisque autrement la société deviendrait léonine? Ainsi, supposons un des associés propriétaire d'un moulin à huile, et l'autre, propriétaire d'un cheval. Ils se sont associés pour l'exploitation du moulin. Le second n'apporte que la jouissance de son cheval, et il est convenu qu'il n'aura qu'un quart dans les bénéfices, mais que le cheval sera aux risques du premier; ce pacte, croyons-nous, sera parfaitement valable. Il y a, en effet, dans notre espèce, un mélange de société et de louage. Le propriétaire du cheval a agi comme tous les locateurs de choses, à la charge que le locataire supportera les risques, convention qui serait parfaitement valable.

14

Dans le cas qui nous occupe, le prix du louage, au lieu d'être déterminé, comme il l'est ordinairement, consiste dans une part de bénéfices éventuels.

Enfin, dans le cas où il s'agit de la jouissance, non d'un corps certain, mais d'une somme d'argent, nous savons que l'associé a le droit de retirer cette somme, même quand la société est en perte, sauf à contribuer en principe, comme associé, au retrait qu'il opère comme créancier; mais pourrait-il, par une convention expresse, se dégager de cette contribution et rester affranchi de toute perte de capital? L'affirmative ne nous paraît pas douteuse. En effet, la mise de cet associé ne consiste que dans l'intérêt du capital dont il a apporté la jouissance, et cet intérêt reste précisément soumis aux chances de pertes de la société, puisque l'associé ne peut évidemment, dans ce cas, rien retirer de son capital. L'art. 1855, qui soumet la mise aux risques, est donc parfaitement respecté.

Il nous reste à examiner une dernière question. A la charge de qui seront les risques de la gestion sociale? Ainsi, supposons qu'un associé a subi des pertes par suite des risques inséparables de sa gestion; l'art. 1852 lui donne une action contre la société; il s'agit donc de savoir ce que l'art. 1852 entend par risques inséparables de la gestion. Ce sont évidemment les hasards et cas fortuits auxquels l'associé n'a été soumis que parce qu'il s'occupait des affaires de la société confiées à ses soins. Il est juste que la société, qui profite des gains de sa gestion, l'indemnise des dommages qu'elle a entraînés.

Nous avons vu, en droit romain, quelle controverse

s'était élevée à ce sujet entre les Sabiniens et les Proculéiens pour savoir dans quels cas la société n'était que la cause accidentelle du dommage, et dans quels cas la perte était inhérente au contrat.

Nous devons faire la même distinction en droit français. Il ne serait accordé aucune action contre la société à l'associé pour une perte dont la société ne serait cause qu'accidentellement, comme, par exemple, la révocation d'un legs fait à l'associé par suite d'un procès que le testateur aurait eu avec la société.

Lors même que les risques seraient inséparables de la gestion, nous pensons que l'associé n'aurait aucun recours contre la société, s'il n'avait apporté que la jouissance d'un corps certain, outre que ceux qui sont mentionnés dans l'art. 1851. En effet, ce dernier article condamne l'associé à supporter les risques de sa chose; et si cependant on le mettait à l'écart, sous prétexte que la chose a péri au service de la société, ce serait l'effacer complétement du Code. La société étant, en effet, instituée exprès pour se servir de ces choses, il est fort probable que la perte de ces objets arrivera presque toujours au service de la société, et alors, contrairement au principe de l'article 1851, les objets seraient presque toujours aux risques de la société.

§ V.

Du prêt.

Nous aurons, sous ce titre, à nous occuper des ris-

ques et périls dans trois sortes de contrats de prêts :
le prêt à usage, ou commodat, le prêt de consommation et le prêt à intérêt, qui n'est, du reste, qu'une
modification du précédent.

I. *Du prêt à usage.* — Le prêt à usage ou commodat
est un véritable contrat de bienfaisance ; aussi l'emprunteur est-il tenu envers le prêteur de l'obligation de veiller avec soin à la conservation de la chose
empruntée. Ainsi nous verrons de nombreuses exceptions au principe que le cas fortuit ou la force
majeure libère l'emprunteur de l'obligation de rendre
la chose prêtée. Comme, en effet, le prêt à usage ne
transfère point la propriété, la chose, pendant la durée
du prêt, demeure aux risques du propriétaire : *Res
perit domino.* Mais les présomptions de faute édictées
par la loi sont nombreuses, et ce ne sera qu'autant
qu'il pourra victorieusement les repousser que l'emprunteur pourra invoquer le bénéfice de cette règle.

Ainsi tout le monde admet sans difficulté que, dans
le cas où le cas fortuit se serait produit aussi bien chez
le prêteur que chez l'emprunteur, comme une maladie
que ce dernier ne pouvait ni prévoir ni empêcher, ce
sera le prêteur qui supportera les risques ; mais la
question de savoir s'il en est de même dans le cas où
la chose n'aurait pas été exposée à l'accident qui a occasionné sa perte sans le prêt a été fort controversée
autrefois. Maintenant, tous les auteurs sont à peu
près d'accord pour mettre, dans ce cas, les risques
à la charge du prêteur, pourvu que l'emprunteur soit
exempt de toute faute. On comprend même comme
faute pour l'emprunteur le cas fortuit, s'il avait em-

ployé la chose à un autre usage ou pendant un temps plus long qu'il ne le devait. Cependant plusieurs auteurs enseignent que cette responsabilité cesserait, si la chose fût également périe chez le prêteur, abstraction faite de la faute du débiteur, par application du principe de l'art. 1302, ce qui, d'après nous, ne peut être admissible. L'art. 1881 dispose en termes généraux ; aucune distinction ne s'y trouve, et c'est une raison de croire que le législateur a voulu déroger au principe de l'art. 1302. Et nous le croyons d'autant mieux que notre opinion peut s'appuyer sur l'article 1882, qui déclare, comme nous allons le voir, l'emprunteur responsable de la perte survenue par cas fortuit, même sans qu'il ait aucune faute à se reprocher. Il n'y a donc rien d'étonnant à ce que, dans l'art. 1881, où l'emprunteur est sorti des limites du contrat, le législateur, déterminé par un juste sentiment de préférence pour le prêteur, ait frappé avec une pareille rigueur celui qui est en faute.

Il y a donc, d'après l'art. 1882, exception à la règle générale, lorsque l'emprunteur a pu garantir de l'accident la chose du prêteur, en employant la sienne propre, ou lorsque, ne pouvant garantir que l'une des deux, il a préféré la sienne. Tels sont les deux cas prévus par l'art. 1882.

Dans le premier cas, l'emprunteur est considéré comme étant en faute, si, lorsqu'il pourrait employer sa chose propre à une opération quelconque, il emploie la chose qui lui a été prêtée. Il contrevient en quelque sorte à la règle qui lui interdit d'employer la chose à un autre usage que celui pour lequel elle lui a été prêtée ; car le contrat de prêt repose sur la supposition, de la part du prêteur, que la chose est prêtée en vue d'un besoin auquel l'emprunteur n'aurait pu satisfaire avec ses propres ressources. Ainsi donc, l'emprunteur fait un usage indû de la chose prêtée, quand il pourrait se servir de la sienne, qu'il conserve aux dépens de l'autre ; il est donc juste qu'il réponde de la perte ou de la détérioration survenue dans un tel cas.

La seconde disposition statue dans l'hypothèse d'un accident tellement rapide, que l'emprunteur n'a pas eu la possibilité de sauver tous les objets menacés. La chose prêtée ne s'est pas trouvée parmi les objets sauvés. La perte est-elle pour le prêteur ou pour l'emprunteur ? Il faut distinguer.

S'il a été impossible à l'emprunteur de sauver la chose prêtée, pour quelque raison que ce soit, il n'a aucune faute à se reprocher ; il est donc libéré de l'obligation de rendre, et n'est tenu d'aucune indemnité. Si, au contraire, l'emprunteur pouvait, en sacrifiant sa chose, sauver celle qui lui a été prêtée, il a manqué, en ne le faisant pas, au devoir de reconnaissance que le prêt lui impose ; il est en faute et doit répondre de la perte, comme s'il en était la cause directe : comme dans le cas précédent, il a conservé sa propre chose aux dépens de celle du prêteur.

Cette distinction ressort clairement des dispositions de l'art. 1882 ; car il ne rend l'emprunteur responsable que pour le cas où, pouvant sauver sa chose propre ou celle du prêteur, il a cependant préféré la sienne. C'est précisément cette préférence que la loi condamne, et, par cela même, elle affranchit celui qui, surpris dans un accident tel qu'il ne lui a pas été permis de faire de choix, ne saurait être responsable de ce qu'il s'est trouvé que la chose du prêteur a péri, tandis que la sienne a été sauvée. Du reste, c'est la seule distinction que cet article permette de faire, et, par conséquent, nous repoussons l'opinion suivant laquelle, dans l'hypothèse où l'emprunteur a préféré sa chose à celle du prêteur et l'a conservée, il faudrait comparer la valeur et l'importance respective des deux choses, et exonérer l'emprunteur, si la sienne était plus précieuse.

Il y a une dernière exception à la règle qui met les risques de la chose prêtée à la charge du prêteur : c'est lorsque l'emprunteur s'est chargé expressément des cas fortuits. En effet, le principe que la perte de la chose arrivée par cas fortuit libère l'emprunteur qui n'est pas en faute, de l'obligation de rendre, n'est pas de l'essence du prêt à usage. Les parties peuvent donc modifier ce principe par une convention spéciale.

Cette convention est même supposée par la loi dans le cas où la chose a été estimée lors du contrat. L'article 1883 dit en effet « que, si la chose a été estimée en la prêtant, la perte qui arrive, même par cas fortuit, est pour l'emprunteur, s'il n'y a convention contraire. » Les parties sont présumées avoir voulu, en faisant l'estimation, fixer le montant de l'indemnité que l'emprunteur aurait à verser, s'il ne rendait pas la chose au prêteur, quelle que fût d'ailleurs la cause qui l'empêchât de la rendre.

II. *Du prêt de consommation.* — « Par l'effet de ce prêt, porte l'art 1893, l'emprunteur devient le propriétaire de la chose prêtée, et c'est pour lui qu'elle périt, de quelque manière que cette perte arrive. » En effet, par cela même que l'emprunteur est devenu propriétaire, il a pris pour lui la charge des risques : *Res perit domino.* C'est là, du reste, la plus grande différence qui existe entre le prêt à usage et le prêt de consommation. Mais il ne faut pas confondre la promesse de prêter avec le contrat de prêt lui-même, comme l'a fait M. Duvergier. Tant qu'il n'y a que promesse, le futur prêteur seul est obligé ; il est tenu de transférer à l'emprunteur la chose dont provisoirement il conserve la propriété, et par conséquent il reste avec la responsabilité des risques. On ne peut pas, en effet, appliquer le principe de l'art. 1138, car cet article ne peut pas s'appliquer aux contrats réels, et c'est en quoi ils diffèrent précisément des autres contrats, en vue desquels est écrite la règle générale de l'art. 1138. Cet article s'occupe des contrats parfaits par le seul consentement des parties ; et M. Duvergier le reconnaît lui-même : le prêt n'est parfait que par la tradition réelle ou feinte de la chose. Donc, à moins d'une clause particulière, que les parties sont toujours libres d'ajouter au contrat, la chose restera, jusqu'à la tradition, aux risques du prêteur.

Cette nécessité de la tradition pour opérer le contrat de prêt donne naissance à certaines difficultés. Ainsi, après avoir déposé une chose chez Secundus, Primus lui prête cette chose pour s'en servir ; la convention seule suffit à la perfection du contrat, et, dès le moment du contrat nouveau, la chose passera des risques du prêteur déposant aux risques du dépositaire emprunteur. Il faudrait distinguer avec soin ce cas de celui où le dépositaire aurait le droit de se servir de la chose déposée : dans ce dernier, la chose ne passerait à ses risques qu'au moment où il aurait besoin de la chose et s'en servirait.

Ceci nous conduit à une autre hypothèse, que nous avons également examinée en droit romain. Vous avez besoin d'une somme d'argent ; la personne à laquelle vous vous adressez n'en a pas à vous prêter, mais elle vous remet un corps certain que vous vendrez, et dont vous garderez le prix de vente à titre de prêt. Ici, bien que l'argent ne passe pas directement des mains de cette personne dans les vôtres, il n'y en aura pas moins l'équivalent d'une tradition par l'effet de laquelle vous serez liés l'un envers l'autre par la convention de prêt. Mais il est important de savoir, au point de vue de la question des risques, à quel moment le contrat de prêt prendra naissance. Les Romains considéraient la tradition comme opérée par la remise du corps certain à l'emprunteur, et, par suite, ils mettaient les risques à sa charge, même avant la vente. Aucun texte du Code ne consacre cette décision : il en faut conclure que, dans le droit français, les risques du corps certain seront, jusqu'à la vente, à la charge du prêteur. Ce sera seulement par la transformation du corps certain en argent que les risques passeront à l'emprunteur.

Le Code contient une décision analogue, laquelle est également en opposition avec les principes du droit romain, pour le cas de dépôt ; il n'y a pas de

raison pour ne pas assimiler à ce cas celui où le corps
certain, au lieu d'être remis en dépôt, est livré spécialement pour être vendu.

III. *Du prêt à intérêt.* — Nous avons déjà dit que
le prêt à intérêt n'était qu'une modification du prêt
de consommation. Par conséquent, tout ce que nous
venons d'appliquer à ce dernier est également applicable au prêt à intérêt.

§ VI.

Du dépôt.

Le dépositaire n'est qu'un simple détenteur de la
chose déposée, dont la propriété appartient toujours
au déposant ; il ne peut donc être tenu d'aucune force
majeure, d'aucun cas fortuit, et, selon la règle générale, la chose périra pour son propriétaire. Tel est le
principe de l'art. 1920 ; mais l'art. 1927 lui enjoint
cependant de soigner la chose déposée comme la
sienne même, c'est-à-dire qu'à l'égard de la prestation
de la faute, il n'est tenu que de la faute lourde.

Cette responsabilité du dépositaire peut s'aggraver
dans plusieurs cas, et alors le dépositaire voit passer
à sa charge certains risques qui, autrement, seraient
demeurés à la charge du déposant.

Lorsque le dépositaire s'est offert lui-même pour
recevoir le dépôt, cette circonstance donne lieu
contre lui à une aggravation de responsabilité. Nous
avions déjà vu, en droit romain, une doctrine analogue. Pothier en exprime le motif en ces termes :

« En allant s'offrir à la garde du dépôt, il a pu empêcher qu'on n'en donnât la garde à une autre personne qui aurait été plus soigneuse que lui. » Mais il
faut se garder, croyons-nous, de prendre cette disposition de l'art. 1928 trop à la lettre. Elle suppose
soit que le dépositaire a fait naître chez le déposant
l'idée même du dépôt, soit que, le déposant ayant l'intention de faire un dépôt, le dépositaire s'est présenté et a demandé à être préféré à un tiers. Il ne faut
donc pas s'imaginer que ce redoublement de vigilance
exigé du dépositaire doive avoir lieu par cela seul
qu'il a fait des offres de service au déposant qu'il a vu
embarrassé. Évidemment, ni le droit romain, ni le législateur français n'ont eu en vue celui qui vient au-
devant d'une demande que l'on n'osait lui faire. Mais,
dans les deux cas dont nous parlions précédemment,
il y a promesse implicite d'une vigilance plus grande,
ce qui a déterminé le déposant soit à faire le dépôt,
soit à donner à celui qui s'est offert la priorité sur
telle autre personne, à laquelle il avait d'abord songé.
Tel est, pensons-nous, le véritable sens de cette disposition de l'art. 1928. Doneau faisait observer que ce
n'était que dans ce cas que l'on pouvait dire que le dépositaire s'était offert ; et il nous semble que les paroles
de Pothier, que nous avons citées, doivent faire supposer qu'il partageait cette opinion.

Il faudrait assimiler à celui que s'est offert pour
être dépositaire ceux dont les fonctions consistent à
recevoir des dépôts, tels que les notaires et les aubergistes. Aux premiers l'on confie la garde de titres,
de deniers ; leur charge même est un appel à la

confiance, et ils doivent être plus diligents que le commun des hommes dans leurs propres affaires. L'aubergiste et l'hôtelier sont dans le même cas. En ouvrant leur porte à ceux qui viennent chez eux, ils promettent de veiller avec soin sur tout ce qui leur sera confié. Pour ces derniers, du reste, l'art. 1952 les a grevés d'une responsabilité spéciale.

La responsabilité du dépositaire s'aggrave encore lorsqu'il est salarié. Le dépôt devient alors une sorte de louage de services et perd son caractère de dépôt parfait, si le dépôt est uniquement fait dans l'intérêt du dépositaire, espèce difficile à rencontrer, mais dont cependant nous trouvons un exemple au Digeste (loi 4, *de rebus creditis*), exemple que Pothier a copié. Enfin une convention peut mettre les risques à la charge des dépositaires.

Il faut remarquer que dans tous ces cas la force majeure qui détruit la chose est toujours supportée par le déposant, absolument comme en droit romain, et que, si les parties veulent qu'elle soit supportée par le dépositaire, il faudra une convention expresse relative à la force majeure, autrement ce serait l'article 1928, et non l'art. 1929 qui serait applicable. Nous pensons même qu'une telle convention serait contraire à l'équité et exorbitante du droit commun, si le dépôt était fait uniquement dans l'intérêt du déposant, quoique le droit romain semble cependant la permettre.

Tout ce que nous venons de dire ne s'applique qu'au dépôt régulier, auquel seul s'appliquent les dispositions de l'art. 1929; car s'il s'agissait du dépôt irrégulier, c'est-à-dire du dépôt dans lequel les objets déposés sont à la libre disposition du dépositaire, tous les risques, quels qu'ils fussent, seraient à la charge du dépositaire.

Du reste, dans le cas même où la force majeure a détruit la chose, et où le dépositaire serait complétement libéré, il devrait cependant remettre au déposant le prix qu'il aurait pu recevoir, comme cela peut arriver. Ainsi, si le dépôt a été volé à main armée, le dépositaire devra remettre au déposant le prix que les voleurs auraient été condamnés à lui payer. (Article 1934.)

Nous avons déjà dit que le Code avait édicté contre les hôteliers et aubergistes des règles sévères. Leur responsabilité ne s'étend pas cependant à certains faits, tels que la force majeure et les vols à main armée. Mais le vol ordinaire et l'effraction par les personnes qui habitent l'hôtel sont supportés par eux. Cette responsabilité provient de ce que le dépôt fait dans ces conditions est une conséquence du contrat principal, qui est à titre onéreux, et qu'il participe en quelque sorte du caractère de ce contrat. De plus, l'aubergiste fait à tous l'offre permanente de ses services.

L'art. 1953 prévoit deux hypothèses : l'aubergiste est responsable du vol commis par les domestiques et préposés de l'hôtellerie. Cette disposition est toute naturelle; les hôtels n'offriraient plus aucune sécurité, si les voyageurs, qui sont contraints de confier leurs effets aux employés de la maison, n'avaient aucun recours contre le maître de l'hôtel pour les soustractions que ses domestiques auraient commises. L'aubergiste assigné ne pourra donc point s'affranchir, même en prouvant qu'il lui a été impossible d'empêcher le fait de son domestique.

Dans la seconde hypothèse, l'aubergiste est traité encore plus rigoureusement; car il devient responsable du vol ou dommage causé par des étrangers allant ou venant dans l'hôtellerie, que ce soit par des voyageurs ou autres personnes reçues dans la maison, ou par des personnes qui s'y seraient furtivement introduites. Cette disposition n'en est pas moins fort juste : l'aubergiste doit, en effet, exercer la plus grande surveillance sur quiconque peut s'introduire dans sa maison, et la facilité même de la circulation dans une semblable maison rend nécessaires les dispositions exorbitantes de la loi à l'égard de l'hôtelier.

Cette responsabilité de l'aubergiste cessera dans tous les cas où le voyageur aura, par son fait ou sa faute, été la cause de la soustraction dont il se plaint ; par exemple, s'il avait été averti de ne pas laisser son argent dans sa chambre, et que, malgré cet avis, il l'eût laissé, l'aubergiste se déchargerait de la responsabilité en prouvant qu'il a averti le voyageur ; ou encore si ce dernier a laissé la clef à la porte de sa chambre, etc. L'aubergiste pourrait encore déclarer qu'il ne veut pas se charger des risques, et il serait déchargé de toute responsabilité, dans le cas où le voyageur accepterait sa déclaration. Il peut arriver, en effet, qu'à certains jours l'affluence soit tellement considérable que la surveillance devienne, sinon impossible, du moins fort difficile. D'ailleurs, en pré-

venant ainsi, l'aubergiste laisse les voyageurs libres
d'aller se loger ailleurs que chez lui, et ce n'est qu'à
cette condition que cette convention pourrait se faire;
car, s'il était impossible aux voyageurs d'aller loger
ailleurs, nous pensons que cette décharge de responsabilité de la part de l'aubergiste ne saurait avoir aucun
effet; autrement ce serait peut-être un calcul pour
livrer les effets du voyageur à des voleurs dont l'hôtelier serait le complice.

§ VII.

Des contrats aléatoires.

Nous traiterons des risques et périls dans trois espèces de contrats aléatoires : le prêt à grosse aventure, les assurances maritimes et les assurances
terrestres.

I. *Du prêt à la grosse aventure.* — Ce contrat tient
à la fois du prêt de consommation et du prêt à intérêt. Il diffère du premier en ce que le preneur n'est
pas toujours obligé de restituer la somme prêtée, car
le prêteur ne peut la réclamer qu'après le retour du
vaisseau sur lequel se trouvent les marchandises, et
jusque-là il demeure chargé de tous les risques maritimes. Il diffère du prêt à intérêt en ce que l'intérêt
du prêt à la grosse aventure n'est soumis à aucun
taux légal, précisément à cause des risques que peut
supporter le prêteur. D'autre part, ce contrat a une
grande affinité avec le contrat d'assurance maritime,
car ces deux contrats, purement aléatoires, ne sau-

raient être, soit pour l'emprunteur, soit pour l'assuré, un moyen de bénéficier, mais seulement un moyen de ne pas perdre : ils ont pour base un risque maritime, en l'absence duquel ils seraient dénués de cause ; dans l'un, le prêteur est chargé de ce risque ; dans l'autre, c'est l'assurance. Aussi verrons-nous beaucoup d'analogie entre les risques et périls dans ces deux contrats, qui diffèrent cependant en d'autres points essentiels.

Ainsi donc, il est de l'essence du prêt à la grosse aventure qu'il y ait des risques à courir, et que ces risques soient à la charge du prêteur. Mais le prêteur est-il tenu nécessairement de tous les risques ? L'emprunteur ne peut-il pas pas devenir responsable dans certains cas ? Telles sont les questions que nous allons étudier.

Après avoir énoncé dans l'art. 325 que les risques seront supportés par le prêteur, le Code de commerce ajoute dans l'art. 326 : « Les déchets, diminutions et pertes qui arrivent par le vice propre de la chose, et les dommages causés par le fait de l'emprunteur, ne sont point à la charge du prêteur. » L'ordonnance de la marine du mois d'août 1681 portait pareillement : « Ne sera réputé cas fortuit, tout ce qui arrive par le vice propre de la chose ou par le fait des propriétaires, maîtres ou marchands chargeurs, s'il n'est autrement porté par la convention. »

Ainsi donc, le prêteur supportera tous les cas fortuits, que l'on comprend généralement sous le nom de *fortunes de mer*. Tels sont les pertes et dommages qui arrivent aux objets affectés au prêt par tempêtes, naufrages , échouement, abordage fortuit, changements forcés de route, de voyage ou de vaisseau, par jet, feu, prise, pillage, etc. Ces risques peuvent être étendus par la convention des parties ; mais ils ne pourraient être resserrés. Ainsi le prêteur pourrait bien s'affranchir de tel risque déterminé ; mais nous pensons qu'il ne lui seraitpas permis de s'affranchir de la contribution pour l'emprunteur aux grosses avaries. Décider autrement, ce serait porter atteinte à l'essence même du contrat et permettre l'usure.

Le prêteur ne supporte pas les pertes occasionnées par le vice de la chose, porte l'article 326. Que devons-nous entendre par le mot *vice propre* de la chose ? « Le vice propre de la chose, disait Valin, procède ou de sa mauvaise qualité, ou des déchets auxquels elle est naturellement sujette, comme des soieries qui se piquent, du vin qui s'aigrit, des barriques d'eau-de-vie ou d'huile qui coulent. Tout cela arrivant sans tempête ou autre fortune de mer, est pour le compte du propriétaire, et non du prêteur à la grosse. » Ainsi donc, nous devrons entendre par là non-seulement les défectuosités de composition ou de conformation, mais encore les destructions, détériorations ou pertes qui arrivent par accident, auxquelles cette chose, même en la supposant de la plus parfaite qualité, est sujette par sa nature. Par conséquent, la perte du navire occasionnée par son mauvais état naturel, par sa vétusté, ne sera pas à la charge du prêteur. « Si le navire, disait encore Valin, a péri par caducité, parce que ses principaux membres étaient viciés et hors de service, le prêteur ne répond plus de

15

cette perte, et cela quoique le navire ait essuyé des coups de vent ou de mer capables d'incommoder un meilleur navire. » La mort naturelle des animaux, la rupture d'un câble usé à force de servir; le coulage des marchandises qui y sont sujettes, sont autant de pertes occasionnées par le vice propre de la chose, quand les fortunes de mer y sont complétement étrangères et n'ont point aggravé la perte.

Les dommages causés par le fait de l'emprunteur ne sont pas non plus à la charge du prêteur. On doit entendre par fait de l'emprunteur tout ce qui peut résulter de sa fraude, de sa négligence ou de sa contravention aux lois. Il y aurait fraude, si, par exemple, l'emprunteur a présenté comme bonne au prêteur la chose qu'il savait être vicieuse; négligence, si, la chose étant en bon état, il n'a pas pris les précautions nécessaires pour la garantir d'accidents de mer; contravention aux lois, s'il a enfreint les règles prohibitives d'importation et d'exportation. Nous pensons aussi que, dans le fait de l'emprunteur, on doit comprendre celui du capitaine et de l'équipage du navire. Ainsi le prêteur ne répondrait pas des dommages et pertes provenant de ce que le capitaine a négligé de prendre un pilote lamaneur, de ce qu'il n'a pas évité l'ennemi, lorsqu'il le pouvait, ou de ce qu'il n'a pas observé les règles prescrites pour se garantir de la peste ou des incendies.

On pourrait, par une convention spéciale, déroger aux règles de l'article 326, comme le permettait l'ordonnance de 1681. Nous ne pensons pas que le Code ait voulu déroger aux principes généraux du droit par son silence à cet égard. Cependant cette dérogation ne pourrait s'appliquer qu'aux dommages résultant du vice propre de la chose, pourvu que la responsabilité fût limitée aux pertes résultant de vices survenus après le départ. Mais la clause serait nulle, si elle étendait la responsabilité aux pertes occasionnées par les vices qui existaient avant le commencement des risques. Quant à la clause par laquelle le prêteur répondrait des faits de l'emprunteur, elle serait nulle comme immorale.

Il nous reste à examiner quand cessent les risques pour le prêteur. Lorsque le prêt a été constitué sur le navire, les risques cessent, pour le prêteur, au moment de son arrivée; si c'est sur les marchandises qu'il porte, ce n'est qu'autant qu'elles ont été délivrées à terre, aux termes de l'article 328. Les pertes ne sont, du reste, à la charge du prêteur qu'autant qu'elles sont arrivées dans les lieux fixés par le contrat. Si donc le navire changeait de route ou de voyage, sans y être contraint par fortune de mer, les pertes qui seraient éprouvées ne pourraient être mises sur le compte du prêteur ; autrement on modifierait les conditions de son engagement, ce que l'on n'a pas le droit de faire sans son aveu. Mais, si le changement de route ou de voyage était nécessité, après que les risques auraient commencé, soit par une tempête, soit par crainte de l'ennemi ou toute autre fortune de mer, il n'opérerait pas la rupture du contrat, et le prêteur serait, par conséquent, responsable des risques qui pourraient survenir durant le nouveau voyage forcément entrepris. Dans le cas de changement volontaire de route ou de voyage, après les risques commencés, le prêteur serait déchargé de tout risque ultérieur, lors même que les pertes n'arriveraient qu'après que le navire serait rentré dans la route tracée par le contrat. Il a même été jugé que le prêteur était déchargé des risques, lorsque l'emprunteur avait manifesté, après les risques commencés, l'intention de changer de route, sans cependant l'avoir fait en réalité.

Le changement volontaire de navire a le même effet que le changement de route ou de voyage. Le prêteur à la grosse sur marchandises chargées dans un navire désigné au contrat ne supportera donc pas la perte des marchandises, même par fortune de mer, si elles ont été chargées sur un autre navire, à moins qu'il n'ait été constaté que ce changement a eu lieu par force majeure. Dans le cas contraire, le capital prêté devrait être remboursé au prêteur, soit que les marchandises viennent ensuite à périr, soit qu'elles arrivent à bon port; de plus, le profit maritime devrait lui être payé, puisqu'il a commencé à courir des risques, dont il n'a été ultérieurement déchargé que par le fait de l'emprunteur, qui a modifié sans droit les conditions du contrat. Mais, si le changement de navire a eu lieu par fortune de mer, les risques resteraient à la charge du prêteur; et si le fret du nouveau navire était plus considérable que celui du premier, ce serait au prêteur de payer le surcroît.

II. *Des assurances maritimes.* — Le contrat d'assurance maritime a, avec le contrat de prêt à la grosse aventure, la plus grande analogie relativement à la question des risques. De même que dans ce dernier contrat, il est de l'essence du contrat d'assurance qu'il y ait des risques à courir, et, nous pouvons le dire dès à présent, ces risques, qui sont à la charge de l'assureur, sont, à peu de chose près, les mêmes que ceux qui sont à la charge du prêteur à la grosse aventure.

« Sont aux risques des assureurs, porte l'art. 350 du Code de commerce, toutes pertes et dommages qui arrivent aux objets assurés par tempête, naufrage, échouement, abordage fortuit, changements forcés de route, de voyage ou de vaisseau, par jet, feu, prise, pillage, arrêt par ordre de puissance, déclaration de guerre, représailles, et généralement par toutes les autres fortunes de mer. »

La responsabilité de l'assureur ne s'arrête pas aux pertes et dommages occasionnés directement par fortunes de mer; elle s'étend aussi, d'après l'opinion unanime des auteurs, aux frais extraordinaires auxquels ces accidents peuvent donner lieu, tels, par exemple, que la dépréciation que des marchandises assurées auraient subie par suite d'un retour forcé, soit par fortune de mer, soit par risques de guerre. Cette dernière opinion est cependant controversée, et la jurisprudence a décidé que les assureurs n'étaient, lorsque la police d'assurance était étendue aux risques de guerre, tenus que des avaries matérielles, et non de la dépréciation morale que les marchandises ont pu subir.

En général, l'assureur n'est tenu que des sinistres arrivés sur mer; cependant il le serait également du sinistre arrivé sur terre, lorsque le déchargement aurait été nécessité par fortune de mer, qui doit être alors la cause immédiate de la perte des objets assurés.

Parmi les cas fortuits cités dans l'art. 350, il en est quelques-uns sur lesquels nous croyons utile de donner des détails.

L'*abordage* est le choc d'un vaisseau contre un autre. Les assureurs répondent de l'abordage arrivé fortuitement. Lors même que l'abordage aurait été causé par la faute du capitaine du navire non assuré, les assureurs seraient tenus de payer les pertes du navire assuré, sauf leur recours contre l'auteur des dommages. Mais, si l'abordage était arrivé par la faute du capitaine du navire assuré, les assureurs n'en seraient garants qu'autant que la police d'assurance les rendrait responsables de la baraterie de patron ; si l'on ne pouvait connaître quel est celui des capitaines par la faute duquel le sinistre est arrivé, l'assureur répondrait de la part du dommage que la loi met à la charge du navire assuré ; car la faute ne se présume point, et l'on est, par suite, obligé d'assimiler à l'abordage fortuit l'abordage arrivé par la faute d'un des capitaines, sans qu'on puisse désigner lequel. Alors on applique de la manière suivante les dispositions de l'art. 407. Le propriétaire du navire assuré a fait payer par son assureur la totalité du dommage, sauf le recours de l'assureur contre le propriétaire de l'autre navire, débiteur de la moitié de la totalité du dommage essuyé par les deux bâtiments, recours exercé par l'assureur à ses risques et périls.

A la différence de l'abordage, qui, jusqu'à preuve contraire, est présumé être fortuit, le *changement de route* est présumé volontaire, à moins que l'on ne prouve qu'il a été causé par la juste crainte d'un naufrage, de l'ennemi, par la nécessité de faire radouber le navire, etc. Cette différence provient de ce que le changement de route suppose toujours un fait précédent qui l'a rendu nécessaire, et celui qui alléguera ce fait sera tenu de le prouver.

L'*incendie* sera également à la charge des assureurs, lorsqu'il a été allumé par le feu du ciel, par l'ennemi, par la faute d'un passager ou par l'ordre du capitaine. Si l'incendie était arrivé par la faute du capitaine ou des gens de l'équipage, ou par le vice propre de la chose, les assureurs n'en seraient pas responsables, à moins qu'ils ne se fussent rendus garants de la baraterie de patron ou des vices propres de la chose par une convention expresse. L'incendie est présumé avoir été causé par cas fortuit lorsque personne n'a survécu au sinistre; dans le cas contraire, comme il est possible de prendre des renseignements sur la cause du sinistre, l'événement que le capitaine ou les gens de l'équipage ne justifient par aucune autre cause est imputé à leur imprudence. Cette décision, qui est celle de la jurisprudence, nous paraît contestable et en contradiction avec les principes du droit. Il est vrai, cependant, que les arrêts qui nous paraissent avoir ainsi décidé ont pu être motivés par des circonstances de fait particulières aux espèces dans lesquelles ils ont été rendus.

La *prise* par l'ennemi est aussi supportée par les

assureurs, à moins qu'elle n'ait été occasionnée par la
faute du capitaine ; et, dans ce dernier cas, ils n'en
seraient responsables que s'ils étaient garants de la
baraterie de patron. Le pillage des effets assurés,
bien qu'effectué sur terre, à la suite d'un naufrage ou
échouement, est aussi à la charge des assureurs, s'il a
eu lieu avec violence.

Il ne faut pas confondre *l'arrêt par ordre de puissance* avec la prise. Dans le premier cas, le propriétaire des marchandises est payé de leur valeur, ou
elles lui sont rendues au bout d'un certain temps. On
distingue généralement trois sortes d'arrêts par ordre
de puissance : 1° *l'arrêt de prince* proprement dit :
c'est l'acte par lequel un souverain allié fait arrêter,
pour cause de nécessité publique, et hors le cas de
guerre, un ou plusieurs vaisseaux qui se trouvent
dans un port de sa domination ; 2° *l'angarie :* c'est
l'obligation imposée par un gouvernement aux bâtiments arrêtés dans ses ports de transporter pour lui,
dans le temps de quelque expédition, des soldats
et munitions de guerre ; 3° *l'embargo :* c'est la défense
de laisser sortir d'un port les navires, soit nationaux,
soit étrangers, qui s'y trouvent. Tous ces cas sont
régis par les mêmes règles. Du reste, les risques ne
sont à la charge de l'assurance qu'autant que l'arrêt
de prince a eu lieu après le voyage commencé.

La *confiscation*, les risques provenant d'une déclaration de guerre, sont également à la charge des
assureurs. Les derniers le sont lors même qu'au
moment où l'assurance a été faite, on ne pouvait prévoir l'état de guerre.

Par autres *fortunes de mer*, dans le sens de l'article 350, il faut entendre, par exemple, la vente d'une partie des marchandises par suite d'une relâche forcée, si la vente était une suite directe et immédiate de la relâche.

Les assureurs ne sont point responsables, d'après les art. 351 et 352 du Code de commerce, en cas de changements volontaires de route, de voyage ou de vaisseau, des dommages résultant du fait de l'assuré, des pertes causées par le vice propre de la chose, ou par le fait et faute des propriétaires, affréteurs ou chargeurs.

Nous avons vu les mêmes décisions en matière de prêt à la grosse aventure, et tout ce que nous en avons dit peut être répété ici. Nous avons même avancé alors des opinions qui ne se justifient que par des arguments d'analogie entre les dispositions de l'art. 326 et les art. 351 et 352 ; par conséquent, nous n'insisterons pas davantage sur cette question.

Il est permis de déroger par des conventions spéciales aux règles que nous venons d'étudier ; et ces dispositions peuvent être soit extensives, soit restrictives de la responsabilité légale des assureurs. Ainsi, il est permis de mettre dans la police d'assurance que l'assureur sera responsable de la *baraterie de patron*, et étendre ainsi les risques qu'il court, de même qu'il est permis de les restreindre par la clause appelée *franc d'avaries*.

La *baraterie de patron* comprend les fautes de l'équipage aussi bien que celles du capitaine. Quoique ce ne soit pas là un véritable risque maritime proprement dit, la clause par laquelle les assureurs en répondent n'en a pas moins été permise par le législateur, malgré l'opinion contraire de quelques membres du Conseil d'État, lors de la discussion de l'art. 353 du Code de commerce. La baraterie est constituée par des faits précis, dont l'appréciation est laissée aux juges, faits sur lesquels la jurisprudence a jeté une grande lumière par ses nombreuses décisions. Comme il n'est point permis de stipuler que l'assureur serait responsable des fautes ou faits de l'assuré, la clause qui nous occupe ne serait point valable, si l'assuré était lui-même le capitaine, mais seulement eu égard à ses propres fautes ; mais elle serait valable pour la baraterie provenant du fait de l'équipage, pourvu que le capitaine ne fût pas complice. La clause serait valable, lors même que le capitaine eût été choisi par l'assuré armateur, quoique ce dernier réponde, dans ce cas, des faits du capitaine vis-à-vis des tiers. En un mot, il suffit, pour que cette clause doive avoir son effet, que le capitaine ne fût pas l'assuré lui-même, quand même il serait le fils de ce dernier. La clause de baraterie de patron doit être, comme nous l'avons dit, formellement exprimée ; car il a été jugé que l'assurance faite *à tous risques* ne comprend pas nécessairement la baraterie de patron.

La clause *franc d'avaries* affranchit les assureurs de toutes avaries, soit communes, soit particulières, excepté dans les cas qui donnent ouverture au délaissement, et, dans ces cas, les assurés ont l'option entre le délaissement et l'exercice de l'action d'avarie.

III. *Des assurances terrestres.* — Les assurances

terrestres, dont le Code Napoléon ne parle pas, quoiqu'elles fussent déjà connues, mais peu étendues au moment de sa rédaction, peuvent avoir pour objet le but de couvrir l'assuré de toute espèce de risques, tels que le feu du ciel, l'incendie, la grêle, l'inondation, la gelée, etc.

Parmi les risques, les uns sont toujours les résultats d'un cas fortuit, par exemple le feu du ciel, la grêle ; d'autres peuvent provenir du fait de l'homme, comme l'incendie. Les uns et les autres ne sont pas de la même façon à la charge des assureurs.

Nous avons vu, en matière d'assurances maritimes, qu'il était défendu par une convention de mettre à la charge de l'assureur les risques provenant du fait de l'assuré. Devons-nous admettre le même principe en matière d'assurances terrestres? La question est fort controversée en doctrine. Des auteurs ont voulu que l'assureur ne répondît que du fait de l'assuré, mais que la faute, soit légère, soit lourde, laissait les risques à la charge de ce dernier. D'autres ont prétendu que l'assuré qui avait commis une faute lourde équivalente au dol était seul responsable des pertes qui pourraient survenir.

Quoiqu'on dise, pour soutenir ces opinions, que, s'il en était autrement, l'assurance contre l'incendie serait illusoire, et que les assurances, ne répondant en quelque sorte que du feu du ciel, ne courraient guère de risques, nous les croyons erronées, et nous ne voyons point pour quelles raisons on n'admettrait pas, en pareille matière, les principes que nous avons étudiés pour les assurances maritimes. Le feu peut, en effet, se communiquer par bien des moyens, soit par l'imprudence d'un locataire, soit par l'incendie d'une maison voisine. Et d'ailleurs, en admettant que la défense de se faire assurer contre sa propre faute enlève quelque chose à l'avantage que l'assuré espérait trouver dans son contrat, il y a un intérêt général à sauvegarder, intérêt plus puissant que l'intérêt individuel de l'assuré : le propriétaire, se sentant d'avance garanti des suites de sa négligence, ne veillerait pas avec autant de soin à tout ce qui peut prévenir l'incendie que s'il a encore à en courir les chances; les incendies en deviendront plus nombreux. C'est ce principe que les assurances terrestres ont admis, sans que la jurisprudence, dont les décisions sont peu nombreuses en cette matière, leur ait imposé le principe contraire. Peu nous importe maintenant si ce principe sera ou non d'une application facile; qu'il nous suffise de savoir que l'assuré, garanti contre le cas fortuit, est responsable de sa faute : mais ce sera à l'assureur à faire la preuve de cette faute, suivant les principes généraux du droit.

D'après le même principe, l'assureur ne répondrait pas de la faute des personnes dont l'assuré est lui-même civilement responsable; mais la convention qui en chargerait l'assureur est, d'après l'opinion de la majorité des auteurs, parfaitement valable; car l'assurace contre le dommage provenant de la faute d'autrui ne présente pas les mêmes inconvénients que l'assurance contre la faute personnelle.

L'article 352 du Code de commerce s'étend également aux assurances terrestres, lorsqu'il laisse à la

charge de l'assuré les pertes causées par le vice propre
de la chose. Seulement son application devra être
restreinte, et des distinctions deviennent nécessaires.
Supposons que des marchandises qui, par leur nature, peuvent s'enflammer spontanément, soient
assurées contre l'incendie, quoique ce soit évidemment là un risque provenant du vice propre de la
chose, il nous paraît certain que les assureurs devront répondre de ces risques comme d'un cas fortuit, car c'est là une chance qui a dû être prévue par
les assureurs. Si nous supposons une maison assurée
dont l'incendie a été causé par le défaut d'entreti..
ou de réparation, ce vice de la chose ne pourra do...
lieu à une exception en faveur de l'assureur contre
l'assuré que si les réparations d'entretien étaient à la
charge de ce dernier, car ce n'est que dans ce cas
que le défaut de réparation pourrait constituer une
faute personnelle.

L'étendue et la durée des risques sont toujours
fixées par les clauses mêmes de la police du contrat
d'assurance. Les compagnies d'assurances contre
l'incendie garantissent quelquefois les risques de démolition pour préserver du feu, les risques de responsabilité locative et de recours du voisin.

La plupart des compagnies garantissent leurs assurés contre le risque de démolition de leurs immeubles assurés, lorsque cette démolition est ordonnée par l'autorité compétente pour arrêter les
progrès du feu. Mais, en l'absence de toute clause, la
compagnie garantirait-elle de ces risques ? Telle est
l'importante question qui se présente, et qui a été ré-

solue de différentes manières. Les uns regardent la
démolition comme une suite directe et immédiate de
l'incendie dont l'assureur répond, mais seulement si
elle a été ordonnée par l'autorité compétente; car
l'assureur, devant connaître la loi qui investit l'autorité municipale du droit de démolir une maison pour
couper la communication du feu, a dû considérer ce
cas comme un de ceux qui pouvaient se présenter, et
non comme un de ces cas fortuits extraordinaires qui
échappent aux prévisions des parties, et qu'il n'est pas
tenu de garantir. D'autres considèrent la démolition
comme un cas extraordinaire qui n'est pas au nombre
de ceux que l'assureur a voulu prendre à sa charge;
son intention a été de garantir un incendie contre
lequel il pût employer les recours ordinaires. Par la
destruction volontaire, on lui enlève toute chance de
diminuer sa perte; on aggrave même sa position en
lui faisant supporter un sinistre qui, peut-être, ne l'eût
pas atteint. Pour nous, nous n'hésitons pas à adopter
la première de ces opinions, et même nous croyons
que, si la démolition a été ordonnée par une personne non compétente, il faudra faire la distinction
suivante : si le feu, après la démolition faite d'autorité
privée, est parvenu jusqu'à la maison démolie, l'indemnité sera due, car alors cette mesure était ur-
gente et commandée par la sûreté publique; mais si
le feu s'est éteint avant d'arriver à la maison abattue, il
y a eu précipitation et faute de la part de ceux qui
ont ordonné cette mesure; l'assureur n'en sera point
tenu, et l'assuré n'aura de recours que contre ceux
qui, sans nécessité, ont fait abattre sa maison. Les

assureurs, selon notre opinion, devraient également être tenus de garantir les dommages faits à des maisons voisines de la maison assurée : si, par exemple, on avait démoli un pan de mur pour faire jouer une pompe, ou si un dépôt quelconque d'objets assurés avait occasionné quelque dommage, car tout cela a certainement été fait dans le but de diminuer la perte que pouvait éprouver la compagnie.

Un locataire ne peut évidemment faire assurer en son nom la propriété qui lui est donnée à bail ; mais il peut se faire garantir par un assureur contre la responsabilité locative que lui impose l'article 1733 du Code Napoléon. Répondant de plein droit de l'incendie qui viendrait à éclater, il a le plus grand intérêt à se mettre à couvert d'un pareil risque ; le contrat qui se fait dans ce but s'appelle assurance du risque locatif. Mais il faut remarquer que, dans ce cas, l'assureur n'est tenu que dans le cas où le locataire aurait été déclaré responsable et aurait payé en cette conséquence. A première vue, cette convention semble heurter le principe qu'on ne peut se faire assurer contre ses propres fautes, principe applicable au locataire, puisque, jusqu'à preuve contraire, la loi le présume en faute. Mais il faut observer que la responsabilité légale de l'art. 1733 n'a pas pour base une supposition défavorable au locataire ; elle ne cherche qu'à mettre à couvert les intérêts de la propriété, en intervertissant simplement, comme nous croyons l'avoir démontré, les règles ordinaires en matière de preuve, et en dispensant le propriétaire du soin de prouver que l'incendie provient du fait du locataire, dérogation qui était nécessitée par l'état même des choses. L'assurance du risque locatif n'enlève donc rien à la garantie légale du propriétaire ; car, s'il est prouvé que, dans le fait, l'incendie a été causé par la faute de l'assuré, l'assurance n'aura aucun effet. On ne saurait, par conséquent, dire qu'elle provoque l'assuré à la négligence et à l'oubli de la responsabilité que fait peser sur lui l'article 1733.

Le propriétaire d'une maison incendiée a son recours contre ceux qui ont communiqué le feu ; le risque que chaque habitant court de répondre de l'incendie qui aura détruit ou endommagé la maison voisine peut être la matière d'une assurance spéciale, appelée assurance du recours des voisins. Évidemment, il y a un intérêt pour l'assuré à se garantir contre le recours des voisins, intérêt qui est un motif suffisant pour recourir au contrat d'assurance ; mais ce contrat spécial nous paraît précisément en opposition avec le principe qu'on ne peut se faire garantir contre ses propres fautes, puisque le voisin ne peut recourir contre le propriétaire de la maison incendiée qu'autant que celui-ci est en faute, et ne peut le faire condamner qu'en cette qualité : c'est donc, en définitive, contre sa faute que l'assuré se fait garantir, ce qui donnerait à ce contrat un certain caractère d'illégalité.

§ VIII.

Du mandat.

Il est conforme à tous les principes de l'équité et

de l'imputabilité que tous les risques et périls qui
peuvent se produire à l'occasion du contrat de mandat soient à la charge du mandant. Par conséquent,
si nous supposons qu'après le mandat exécuté, la
chose que devait livrer le mandataire au mandant,
vienne à périr, cette perte sera pour le mandant
pourvu que cette perte soit arrivée par force majeure;
car, aux termes de l'art. 1992, le mandataire répond
de sa faute: faute légère, s'il est salarié; faute lourde
seulement, si le mandat est gratuit. Ici se place une
importante question, celle de savoir par qui la perte
d'espèces métalliques devant être remises par le mandataire au mandant sera supportée. Nous distingue-
rons, en résolvant cette question, si les espèces remises au mandataire étaient ou non individualisées;
dans le cas où elles l'étaient, la perte du corps certain retomberait sur le mandant; dans le cas contraire, elle serait à la charge du mandataire, à moins
qu'il ne prouvât que l'événement fortuit qui les lui
a enlevées a été tellement rapproché de la réception,
qu'il lui a été impossible d'en faire usage.

Le mandataire pourrait, par une convention spéciale, prendre à sa charge les risques de la force majeure; mais nous pensons qu'il ne pourrait le faire
qu'autant que le mandat est salarié. C'est ainsi que
le commissionnaire peut se charger de tous risques, et
même en quelque sorte assurer le succès de l'opération par la convention dite *del credere*.

Nous avons vu, en droit romain, que la question
de savoir si le mandant était obligé d'indemniser le
mandataire des pertes faites à l'occasion du mandat,

n'était pas résolue d'une façon unanime, et que certains textes de lois paraissaient contradictoires. Nous croyons avoir concilié tous les textes et avoir démontré que toute perte provenant du mandat devait être l'objet d'une indemnité pour le mandataire. Mais si des difficultés se sont alors présentées, en droit français nous avons des textes formels, et on dirait que le législateur a eu pour but de prévenir les doctrines bizarres de quelques jurisconsultes modernes, en rédigeant l'art. 2000. En effet, cet article, aux termes duquel « le mandant doit indemniser le mandataire des pertes que celui-ci a essuyées *à l'occasion* de sa gestion, sans imprudence qui lui soit imputable, » met fin aux controverses qui roulaient sur le point de savoir si l'indemnité pouvait être réclamée non-seulement quand les pertes étaient une suite directe et immédiate du contrat, mais encore quand le mandat n'en était que l'occasion. Domat prétendait qu'il suffisait que le dommage eût été souffert à l'occasion du mandat, tandis que Pothier, dont l'opinion était plus généralement admise, voulait que le mandat fût la cause immédiate du dommage, pour qu'il y eût lieu d'indemniser le mandataire.

Désormais toute distinction est éteinte par les dispositions de l'art. 2000, qui est en harmonie parfaite avec l'art. 1852, qui accorde une indemnité à l'associé pour les risques inséparables de sa gestion, et avec l'art. 1947, d'après lequel le dépositaire doit être indemnisé de toutes les pertes que le dépôt peut lui avoir occasionnées. Toutes ces dispositions doivent, en effet, s'expliquer les unes par les autres, comme nous l'avons fait avec plus de difficulté pour les mêmes principes du droit romain.

Ainsi, le mandataire doit être indemnisé de la perte dont l'exécution du mandat est la cause ou l'occasion; sans doute, il faudra se garder d'exagérer la règle, et il faudra bien examiner, de la part des juges, si la perte et le dommage ont été subis par le mandataire dans ce qu'on peut véritablement appeler l'exécution du mandat. Du reste, l'art. 2000 contient une restriction parfaitement en rapport avec la règle de l'article 1993, suivant laquelle le mandataire répond du cas fortuit lorsqu'il est en faute; le mandant n'est tenu d'indemniser le mandataire des pertes essuyées par lui à cause ou à l'occasion de sa gestion, qu'autant qu'il n'y a pas d'imprudence qui lui soit imputable. C'est d'après ce principe que nous résoudrons la question, si controversée avant le Code Napoléon, de savoir si le mandataire qui a donné tout son temps à l'exécution du mandat pourra réclamer du mandant le montant de la perte résultant pour lui de ce qu'il aurait été empêché de donner à ses propres affaires les soins qu'elles auraient demandés. Nous dirons avec Pothier que ce qui a causé la perte ou le dommage, ce n'est pas tant la gestion du mandat que l'*imprudence* du mandataire à se charger d'une affaire qu'il n'avait pas le loisir de gérer : le mandant n'aura donc point à l'indemniser.

L'art. 2000 est également applicable aussi bien au mandat salarié qu'au mandat gratuit. La loi ne distingue point, en effet, à cet égard. Il n'y a pas, en principe, de distinction à établir sous ce rapport, car, dans tous les cas, l'affaire étant dans l'intérêt exclusif du mandant, il est juste que les pertes occasionnées par la gestion ne restent pas, même en ce cas, à la charge du mandataire. Néanmoins, il faudra consulter les circonstances pour voir si, en allouant un salaire, on n'a pas entendu que les pertes résultant de sa gestion resteraient à sa charge. Il est tels cas, en effet, où le salaire peut apparaître, non-seulement comme le prix stipulé en vue de rémunérer le mandataire, mais encore comme un forfait dans lequel est comprise l'indemnité des pertes qu'il peut subir. La règle fléchirait évidemment dans ce cas, et, s'il arrivait que l'exécution du mandat entraînât avec elle certains dommages, le mandataire n'aurait rien à réclamer en sus du salaire qu'il a accepté pour toute indemnité. Ce sont là d'ailleurs des questions d'appréciation dont la solution est abandonnée au pouvoir souverain du juge.

A plus forte raison, si les pertes dont le mandataire se plaint avaient été occasionnées par le fait, la faute ou le dol du mandant, celui-ci n'aurait évidemment aucun moyen pour échapper à l'obligation d'indemniser le mandataire. Dans le cas du fait, de faute ou dol, les juges devraient supposer plus facilement que le mandat est l'occasion du dommage, s'il y avait doute à cet égard, et ce serait une raison pour eux de grossir l'indemnité qu'ils devront allouer au mandataire.

§ IX.

Du nantissement.

Le nantissement ne confère au créancier que la possession, en laissant au débiteur la propriété. Quoiqu'à certains points de vue il y ait de grandes différences entre les deux espèces de nantissement, le gage et l'antichrèse, nous n'en avons pas trouvé à l'égard des risques, et nous appliquerons donc à l'antichrèse tout ce que nous dirons sur le gage.

La perte de la chose mise en gage, d'après la règle *Res perit domino*, retombe sur le propriétaire, c'est-à-dire sur le débiteur. Cependant il serait inexact de dire que tous les risques sont ainsi supportés par le débiteur; car, sans être aussi rigoureuse que les lois germaniques, qui, dans le cas de perte fortuite du gage, faisaient supporter au débiteur la perte de la chose, et au créancier la perte de sa créance, la loi française fait du moins supporter au créancier la perte de la sûreté dont il avait été pourvu. Si la perte a eu lieu par la faute du créancier, celui-ci, loin de pouvoir se faire remettre un autre gage, pourra se voir opposer la compensation des dommages et intérêts auxquels sa faute aura donné lieu.

L'art. 2079 semble assimiler le gagiste au dépositaire. Devons-nous suivre, à l'égard de la responsabilité du créancier gagiste, la comparaison de cet article? Nous ne le pensons pas. Le dépositaire rend un service à autrui, tandis que le créancier gagiste n'a l'intention de rendre de service qu'à lui-même ; puisque c'est son intérêt qui domine dans la réception du gage, nous croyons que l'on doit le mettre sur la ligne du commodataire plutôt que sur celle du dépositaire. Du reste, nous ne ferions que suivre à cet égard les dispositions du droit romain, qui, relativement à la prestation des fautes, l'assimilaient au commodataire.

CHAPITRE III.

DES RISQUES ET PÉRILS DANS LES QUASI-CONTRATS.

Le Code Napoléon ne parle que de deux quasi-contrats : la gestion des affaires d'autrui sans mandat, et le payement d'une chose non due qui oblige celui qui l'a reçue à la restituer; tandis que nous avons vu, en droit romain, qu'on regardait aussi comme des quasi-contrats l'administration d'une tutelle, celle d'une chose commune sans qu'il y eût société, l'acceptation d'une hérédité. Au point de vue des risques, nous confondrons toutes les espèces dont nous venons de parler avec la gestion des affaires d'autrui sans mandat.

§ Ier.

De la gestion d'affaires.

Le quasi-contrat de gestion d'affaires a la plus grande analogie avec le contrat de mandat. « Celui qui gère les affaires d'autrui se soumet, porte l'art. 1372 du Code Napoléon, à toutes les obligations qui résulteraient d'un mandat exprès que lui aurait donné le propriétaire. » De ce principe il résulte que le question des risques et périls, dans la gestion d'affaires, se résoudra, à défaut de textes, absolument comme dans le contrat de mandat.

Ainsi donc, si la chose du propriétaire vient à périr

sans qu'il y 'ait 'de la faute du gérant d'affaires, la
perte sera pour le propriétaire : *Res perit domino.*
Mais la responsabilité du gérant nous parait peut-
être plus grande que dans le mandat, c'est-à-dire que
par rapport à ses actions les juges devront, suivant les
circonstances, être plus sévères à son égard qu'à celui
du mandataire. En effet, celui qui gère les affaires
d'une personne en vertu d'un mandat exprès de cette
personne a été choisi par elle, et, par conséquent, il
sera facile aux juges d'apprécier, par la comparaison
de la gestion des propres affaires du mandataire avec
celle des affaires du mandant, s'il y a faute ou non de
sa part ; tandis que l'empressement de certaines personnes à se mêler des affaires d'autrui sans qu'elles
en soient chargées, doit faire exiger de ces personnes
une diligence plus exacte que celle qu'elles mettent à
s'occuper de leurs propres affaires. Ce sera donc
d'après des circonstances de fait que leur responsabilité sera atténuée ou augmentée.

C'est dans ce sens qu'il faut entendre l'art. 1374,
lorsqu'il dit que « les circonstances qui l'ont conduit à
se charger de l'affaire peuvent autoriser le juge à mo-
dérer les dommages-intérêts qui résulteraient des
fautes ou de la *négligence* du gérant. » Ainsi il y aura
nécessairement des cas où le gérant sans mandat ne
sera obligé d'apporter dans sa gestion que de la bonne
foi, par exemple en cas d'urgence, les affaires du
propriétaire étant abandonnées et personne ne se
présentant pour les gérer, si une personne bienveil-
lante, mais s'entendant peu aux affaires, en avait pris
la gestion pour ne pas les laisser péricliter plus long-

temps : ce ne sera que dans le cas d'une nécessité immédiate de s'immiscer aux affaires d'autrui que le gérant aura si peu de responsabilité.

Quoique, en principe, le gérant ne soit pas tenu des cas fortuits, s'il gérait les affaires de l'absent d'une tout autre façon que celui-ci ne les gérait, par exemple s'il changeait le commerce que celui-ci faisait, le gérant pourrait voir demeurer à sa charge les risques produits par cas fortuits, d'après les principes du droit romain, que le Code ne nous paraît pas avoir abandonnés. Seulement, dans ce cas-là, s'il y avait des profits et des pertes, celui dont les affaires auraient été gérées n'aurait pas la faculté de diviser la gestion, de prendre pour lui les profits en laissant les pertes au gérant ; car la gestion d'affaires est une chose indivisible.

Nous pensons que, dans tous les cas où l'affaire aura été utilement gérée, on devra appliquer au gérant les principes de l'art. 2000, c'est-à-dire que celui dont les affaires ont été gérées devra indemniser le gérant des pertes que celui-ci aura pu faire à l'occasion ou à cause de la gestion. Il y a, en effet, mêmes raisons de décider dans les deux cas ; la gestion d'affaires, de même que le mandat, a lieu dans l'intérêt exclusif de l'absent ; il est donc juste de lui imputer les pertes que le gérant a pu subir pour lui. Ce principe devra, à plus forte raison, être appliqué aux tuteur et curateur dont la gestion est nécessaire et ordonnée par la loi.

§ II.

Du payement de l'indû.

En droit romain, celui qui recevait indûment un payement devenait propriétaire de la chose non due; tandis qu'en droit français, malgré l'opinion contraire enseignée par quelques auteurs, il nous paraît évident que le Code Napoléon a assimilé celui qui reçoit une chose non due, au possesseur de bonne ou mauvaise foi. Ainsi, tandis que nous avons démontré la fausseté et l'injustice de la règle *Res perit domino*, à la *condictio indebiti*, c'est le principe que nous invoquerons en droit français, car le prétendu débiteur est toujours resté propriétaire de la chose. Nous ne sommes même pas éloigné de croire que c'est la question des risques qui a amené cette différence entre les deux législations; car nous avons vu que cette question préoccupait vivement le législateur lorsqu'il a rédigé cette partie du Code Napoléon.

Si la chose indûment reçue vient à périr par cas fortuit, elle périt pour celui qui l'a payée, si le possesseur est de bonne foi; mais, s'il est de mauvaise foi, l'art. 1370 le rend responsable de sa perte même par cas fortuit. Nous croyons cependant que, dans ce dernier cas, le principe de l'art. 1302 serait applicable, et que, s'il prouve que la chose fût également périe chez le propriétaire, il ne serait pas responsable de la perte; car le principe du droit français est que l'on ne doit s'enrichir aux dépens de personne, fût-ce

d'un malhonnête homme ; et il n'y a d'exception que
pour le voleur, auquel il est impossible d'assimiler le
possesseur même de mauvaise foi d'une chose indûment reçue.

Quant aux détériorations que peut avoir subies la
chose indûment reçue, il faut également faire la même
distinction : si le possesseur est de mauvaise foi, il
est responsable des détériorations survenues même
par cas fortuit ; s'il est de bonne foi, il ne répond
d'aucune détérioration, fût-elle arrivée même par son
fait ou sa faute, quoique l'art. 1379 l'en déclare responsable dans ce dernier cas. Mais tous les auteurs
sont d'accord pour soutenir que c'est là une mauvaise
rédaction. On ne peut pas, en effet, considérer comme
étant en faute vis-à-vis d'une autre personne celui qui
n'a négligé une chose et ne l'a laissée se détériorer
que parce qu'il la croyait sienne, et pensait n'en devoir
rendre compte à personne. Par conséquent, quand
l'article 1379 dit que la valeur de la chose est due si
elle a péri ou s'est détériorée par la faute du possesseur, il veut dire par là lorsqu'elle a péri avec mauvaise foi de la part du possesseur, car celui-là seul
peut être en faute qui pensait que la chose ne lui appartenait pas ; or cette seule pensée le rend possesseur de mauvaise foi. Du reste, cette règle de justice
était observée par Pothier, et le Code lui-même l'a
appliquée dans l'art. 1631. Ce ne sera donc qu'autant
que le possesseur de bonne foi aura encore la chose
indûment payée entre les mains qu'il sera obligé de
la restituer ; du moment qu'elle en sera sortie, qu'elle
soit périe par cas fortuit ou par sa faute, la perte
sera pour le propriétaire.

POSITIONS.

DROIT ROMAIN.

I. La règle *Res perit domino* est étrangère au droit romain.

II. Les dispositions qui mettent les risques et périls de la chose vendue à la charge de l'acheteur sont conformes aux principes du droit.

III. La loi 33, Dig., *locati conducti*, est inexplicable.

IV. Le mandataire et l'associé ont également droit à une indemnité pour les pertes qu'ils ont éprouvées à cause du contrat.

V. Lorsque les associés n'ont pas énoncé si c'était la propriété ou l'usage seulement d'une chose qu'ils mettent en commun, on doit supposer qu'il s'agit de la propriété.

VI. Il faut appliquer à l'échange les mêmes règles qu'à la vente.

VII. La théorie du *jus pœnitendi*, dans les contrats innommés, est contraire aux principes admis en matière de risques et périls.

DROIT FRANÇAIS.

DROIT CIVIL.

I. La disposition de l'art. 1182, qui laisse au créancier sous condition suspensive le droit de résoudre le contrat lorsque la chose qui faisait l'objet de ce contrat a été détériorée par cas fortuit, est contraire aux principes du droit.

II. La présomption légale de l'art. 1733 ne doit pas être étendue au delà du cas spécial pour lequel elle a été écrite, et ne peut, par conséquent, servir de règle générale en matière de risques et périls.

III. L'art. 1047, § 2, en éteignant l'exercice de l'action rédhibitoire lorsque la chose vicieuse a péri par cas fortuit, laisse subsister l'exercice de l'action estimatoire, au moyen de laquelle le vendeur pourra réclamer à l'acheteur l'excédant de la valeur de la chose.

IV. En vertu du principe de l'art. 1589, la question des risques et périls suit les mêmes règles dans la promesse synallagmatique de vente que dans la vente.

V. Il y a lieu à réduction du fermage pour un bail, lorsqu'il y a perte fortuite de plus de la moitié des fruits perçus ordinairement, et cette perte se calcule sur la quantité des fruits, et non sur leur valeur.

VI. La compensation qui se fait dans le cas où le bail est de plusieurs années, se fait avec les quantités qui excèdent, dans les autres années, une récolte moyenne, sans qu'il y ait lieu de s'occuper du prix du bail.

VII. Pour savoir s'il y a lieu à la réduction du fermage, on ne doit point défalquer des excédants des fortes années les déficits des années faibles.

VIII. L'art. 1808 doit servir de règle générale en matière de risques et périls.

IX. La clause par laquelle un des associés serait affranchi de tous risques entraînerait la nullité de la société.

X. L'emprunteur à usage qui s'est servi indûment de la chose prêtée n'est point libéré par la perte fortuite de la chose, lors même qu'il prouverait que la chose eût également péri chez le prêteur.

XI. L'emprunteur qui a sauvé sa chose lorsqu'il pouvait sauver la chose prêtée est tenu de dommages et intérêts, même si sa chose était plus précieuse que la chose prêtée.

XII. La clause par laquelle le dépositaire se rendrait responsable de tous les risques ne serait valable qu'autant qu'il retire un intérêt quelconque du contrat.

XIII. La convention par laquelle un aubergiste déclarerait se décharger des risques des choses déposées chez lui ne serait valable qu'autant qu'il serait possible au voyageur de se loger ailleurs.

XIV. Celui qui a reçu de bonne foi le payement indû d'une *species* est libéré par la perte de la chose, lors même que cette perte est arrivée par son fait.

DROIT COMMERCIAL.

I. Le capitaine propriétaire du navire, souscripteur d'un billet de grosse, n'est pas censé avoir rompu son voyage lorsque, après avoir fait annoncer qu'il changeait de route, il n'a pu trouver à charger et a repris le premier voyage.

II. En matière d'assurances maritimes, l'incendie

doit être réputé cas fortuit jusqu'à ce que les assureurs prouvent le contraire.

III. La clause à tous risques ne comprend pas nécessairement la baraterie de patron.

IV. La clause par laquelle les compagnies d'assurances contre l'incendie garantissent du *recours du voisin* est une clause illégale.

DROIT PÉNAL.

L'arrêt contradictoire par lequel un individu a purgé sa contumace a, quant à la qualification du fait incriminé et à la prescription de la peine dont il est passible, un effet rétroactif au jour où la condamnation par contumace a été prononcée.

DROIT ADMINISTRATIF.

I. Un arrêté préfectoral doit toujours (à moins qu'il ne s'agisse de recours formé pour excès de pouvoir ou incompétence) être déféré au ministre avant de pouvoir être l'objet d'un recours au Conseil d'État, même alors qu'un texte de loi ou de règlement dispose que le préfet statue, « sauf recours au Conseil d'État. »

II. Aucune disposition légale ne statue sur le délai dans lequel on pourra former devant le ministre un recours contre un arrêté préfectoral.

TABLE DES MATIÈRES.

17

DROIT FRANÇAIS.

Poitiers. — Typ. de A. Dupré.

www.ingramcontent.com/pod-product-compliance
Lightning Source LLC
Chambersburg PA
CBHW060344200326
41519CB00011BA/2033